职业生涯与就业指导教程

主　编　许曙青　王　慧
副主编　汪　蕾　孙　玥

科学出版社
北京

内 容 简 介

本书立足"人生规划"、做好"就业创业准备"的指导思想,围绕职业生涯规划、就业及创业等内容,紧密结合社会需求,通过"生涯故事""马上行动""核心知识""案例分析""拓展阅读"等环节,向读者呈现系统的知识与技能。本书体例新颖,内容翔实,让学生在做中学、学中做,学做结合,以提高学生的职业生涯规划以及就业创业的素质与技能。

本书既可作为职业院校职业生涯规划与就业创业指导的公共基础课教材,也可作为职场人士提高职业生涯规划与就业创业能力的参考书。

图书在版编目(CIP)数据

职业生涯与就业指导教程/许曙青,王慧主编. —北京:科学出版社,2024.3

ISBN 978-7-03-071228-8

Ⅰ. ①职… Ⅱ. ①许… ②王… Ⅲ. ①大学生-职业选择-职业教育-教材 Ⅳ. ①G647.38

中国版本图书馆 CIP 数据核字(2021)第 266986 号

责任编辑:周春梅 蔡家伦 / 责任校对:赵丽杰
责任印制:吕春珉 / 封面设计:乔 楚

科 学 出 版 社 出版
北京东黄城根北街 16 号
邮政编码:100717
http://www.sciencep.com

天津市新科印刷有限公司 印刷

科学出版社发行 各地新华书店经销

*

2024 年 3 月第 一 版 开本:787×1092 1/16
2024 年 3 月第一次印刷 印张:12 1/2
字数:296 000
定价:36.00 元
(如有印装质量问题,我社负责调换〈新科〉)
销售部电话 010-62136230 编辑部电话 010-62138978-2040

前　言

当今社会处在变革的时代，处处充满着激烈的竞争。随着我国高校不断扩大招生规模，毕业生数量也随之连年增长，大学生的就业形势更加严峻，因此，大学生做好职业生涯规划就显得尤为重要。职业生涯规划是指引人生之路的指明灯，指引人们前进的方向。职业生命是有限的，利用好职业生涯规划，做好就业创业准备，正是本书要实现的目标。

本书从学生实际出发，编写新形势下职业生涯规划与就业创业指导教材，力求集多年潜心研究成果和丰富教学经验，探索如何树立远大理想，坚定信念，教授具体可行的操作方法，从而树立"以人为本、观念预防"的理念。

本书共分三篇。第一篇主要介绍大学生职业生涯规划过程中需要的各种知识和技巧，教会大学生认清现实，树立人生理想，坚定目标；第二篇主要介绍如何做好就业准备，通过强化就业技能，树立科学的就业观，做好就业前的准备工作；第三篇主要介绍如何做好理念创新，分析创业形式和周边环境，把握局势，开拓自己的创业事业。

本书在贴近校园、贴近职业、贴近社会的同时，注重贴近大学生实际。全书案例新颖、体例活泼、文字浅显，融知识性与实用性、趣味性、教育性于一体，每节通过"生涯故事"创设生涯背景，设置"马上行动"拉近与大学生的距离，让大学生在行动中感知，同时设置"案例分析""做一做""拓展阅读"等环节，引导大学生在"做中学"，在"学中做"，习得职业生涯规划、就业创业知识与技能，强化目标意识，提升技能水平，提高实际应用能力，养成良好的职业素养。

编者在编写本书的过程中，借鉴和参考了一些职业生涯规划、就业创业指导方面的文献资料，以及专业学者的理论观点，在此向相关作者表示衷心的感谢。

由于编写水平有限，书中难免存在不足之处，恳请广大读者批评指正。

目　录

第一篇　开启职业生涯

第三篇　打开创业之门

第一篇

开启职业生涯

第一章 设立人生目标，学会人生规划

第一节 设立人生目标

📚 生涯故事

屠呦呦多年来从事中药和中西药结合研究，在抗疟药物研发道路上默默耕耘了 40 多个春秋。1972 年，屠呦呦团队发现了青蒿素。据世界卫生组织（World Health Organization，WHO）不完全统计，青蒿素作为一线抗疟药物，在全世界已挽救数百万人生命，每年治疗患者数亿人。2015 年 10 月，屠呦呦获得诺贝尔生理学或医学奖，这是中国医学界迄今为止获得的最高奖项，也是中医药成果获得的最高奖项。2019 年，屠呦呦被授予"共和国勋章"。屠呦呦说，中国科技工作者肩负着振兴中华的时代使命，奉献于祖国的科技创新发展义不容辞，这就是我们当下的责任与担当。

思考：你理想的人生是什么样的？

📖 马上行动

你的人生目标是什么？把你的人生目标填入表 1-1 中。

表 1-1 我的人生目标

序号	我的人生目标
1	
2	
3	
4	
5	
6	
⋮	

核心知识

一、人生

人生是指人的生存和生活，是人从出生至死亡所经历的过程。帕斯卡尔（Pascal）曾经指出："人生的本质就在于运动，安谧宁静就是死亡。"在人类生存和发展的过程中，涉及亲情、工作、学习、友谊、爱情等丰富的生活，包括美丽与丑陋、阳光与风雨、高兴与伤心、顺利与曲折、欢乐与痛苦等。

对于人生的探讨，这是一个重大而永恒的话题。从生存的角度看，人生是人在有限的生命中有目的地适应和创造生命的全过程；从生理过程来看，人生是一个从出生到死亡的生命过程；从选择的角度看，人生是一条由无数选择组成的人生轨迹。

二、人生观

人生观是人们在不同的生活实践与生活环境中逐渐形成的对人生道路、生活方式的总的看法和根本观点，它决定着人们在实践活动中有着怎样的人生目标、人生态度和人生价值，并且对人们的具体行为模式及对待生活的态度等都有着决定性作用。实践经历、文化素养和受教育程度等的不同，导致不同的人有不同的人生观。

三、人生目标

人生目标是指在一定历史条件下，人们对"为什么生活"这一主要问题的看法和答复，是人们的根本愿望和目标。从心理学角度来看，人生目标是一个预示个体积极发展的心理结构，也是一项重要的发展资源，它能够正向预测适应力的发展。在多变的环境条件或障碍下，拥有人生目标感的个体具有更高的行为弹性和心理适应性。

人生目标决定人生态度，不同的人生目标会使人采取不同的人生态度；人生目标决定人生价值标准，正确的人生目标会使人懂得人生价值在于奉献，从而在工作中尽心、尽力、尽职；人生目标决定人生道路，决定人生活动的大方向，对人们所从事的具体活动起着定向的作用。人生目标存在合理性和正确性，在生活实践中它是人自我行为的人生灯塔。人生目标是人生观的核心，它决定和影响着人们选择什么样的人生态度、走什么样的人生路线。

四、目标设定的程度

美国哈佛大学有一个非常著名的关于目标对人生影响的跟踪调查，对象是一群智力、学历、环境等条件差不多的年轻人。调查结果发现，针对目标设定，世界上有四种人。

1）会制定并写下目标的人。大约3%的人会设定和记下目标。这种人通常非常认真地设定他们的人生目标并记录它们。经过一段时间后，他们将反映和审查自己的目标和行动，以了解自己是否已经实现了相应的目标并在该阶段完成了计划。

2）会认真思考目标的人。大约10%的人会认真思考人生目标。这种人只是想让自己变得更好，想象自己的未来如何，但没有实现目标的具体计划。

3）曾经思考过目标的人。大约60%的人曾经思考过自己的目标，但他们并不重视，目标模糊。

4）完全没有目标的人。大约27%的人完全没有人生目标。这种人每天都在浑浑噩噩地生活。当他们今天吃饱的时候，不会考虑明天是否挨饿。他们混日子，过着平庸的生活。

经过25年的跟踪调查发现，第一种人几乎不曾更改过自己的人生目标，他们朝着一个方向不懈地努力，几乎都成了社会各界的顶尖成功人士。第二种人大都生活在社会的中上层，他们的共同特点是：那些短期目标不断被达成，生活状态稳步上升，成为各行各业不可或缺的专业人士。第三种人几乎都生活在社会的中下层，他们能安稳地生活与工作，但都没有什么特别的成绩。第四种人则几乎都生活在社会的最底层，他们的生活不如意，常常失业，靠社会救济，并且常常抱怨他人，抱怨社会，抱怨世界。

案例分析

　　刘政是北京大学法学院陈明楼前台物业工作人员，学校的师生大多会亲切地称他为"刘师傅"。2016年他开始利用业余时间备战国家统一法律职业资格考试。刘政在法学院的工作时间是从每天下午五点到次日零点。为了学习，他每天早晨八点准时到教室旁听法学院的课程，之后会自习五六个小时；临近考试，他常常抢在闹钟铃响之前起床复习……2021年是他第六次参加法考。连续六年，屡败屡战，功夫不负有心人，刘政终于通过了国家统一法律职业资格考试。

　　刘政利用北京大学法学院的学习资源，努力学习，虚心求教。他的下一个目标是拿到人民大学在职法学硕士研究生的学位证书，这仍将是一场鏖战。但他说："一想到法学是能干一辈子的事业，我便觉得所有的辛苦都是值得的。"

　　漫长的求学之路让他越来越坚定学好法学的信念并且想要为之奋斗一生。

（资料来源：佚名. 这位"传奇小哥"，火了！[EB/OL].（2022-03-13）[2022-07-05].
https://m.gmw.cn/baijia/2022-03/13/1302841750.html.）

　　思考：刘政为什么有信心考法学硕士？

○做一做○

生命线小游戏

　　准备一张A4纸以及一支铅笔或圆珠笔。

　　在纸上画一条线，线的起点代表出生，线的终点代表死亡，两点之间就是生命线，代表生活中的好时光、坏时光以及你的各种经历。你的生命线可以是任意形状，也可以指向任意方向。在生命线上标出你现在的位置，标出你的生活已过去多少，还剩下多少；回顾过去，看看你曾经的经历。在生命线旁写下重要事件及其对你的影响；尽可能预测你的未来，尝试描绘你未来会成为什么样子，可以使用符号、标记、卡通等，发挥你的想象力、创造力。未来之路可以伸向许多方向，你觉得你会走向哪里？

　　当你完成这个小游戏，你就会对过去、未来，以及你本身有一个更清晰的了解。

　　思考：

　　1）你对过去的自己持有怎样的看法？

_____

_____

_____

2）你是否满意现在的自己?

_____

_____

3）你对未来的自己有什么预期?

_____

_____

_____

小贴士

人 的 一 生

瑞士心理学家荣格曾把人的一生比作太阳一天运行在地平线上所绘出的弧形，如图 1-1 所示。

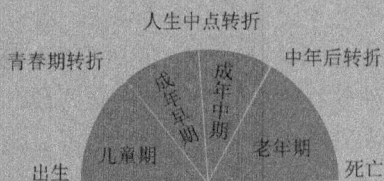

图 1-1　人的一生示意图

人出生后经过童年的成长和青春期的过渡进入成年早期，然后到达人生的中点，随后进入成年中期，开始了人生后半部分的生活。当人进入老年时，将面临人生的一大转变，这是与青春期相对平行的生活后期的转变。

思考：你现在处于人生的哪个阶段?这个人生阶段有什么特点?在这个阶段你应该怎样成就最好的自己?

拓展阅读

我为什么要上学

网上出现了一个以"我为什么要上学"为标题的帖子，很多职业院校的学生积极跟帖，阐述他们选择职业院校的原因。纵观全帖，原因虽多，但总结下来无外乎以下几种：

1）为了将来能挣到很多钱，因为现在的就业岗位要求有一定的学历;

2）为了能接触到更多的人，为将来进入社会广积人脉;

3）为了习得一技之长，将来安家立业;

4）大学学习仅仅是一个过渡阶段，在学校好好学习，掌握本领，将来一点点进步，一样可以找到好工作。

第二节　培养积极进取的心态

生涯故事

新生小章性格内向，不善于与人交流，但做事认真负责。在刚入校后的新生红歌合唱比赛中，他积极策划和组织班级合唱活动，同学们训练得也很刻苦，但最终仍与冠军无缘。同学们都很沮丧，小章对这件事情尤其感到自责，认为是他这个负责人没有组织好活动，是他一个人的错。他因此经常闷闷不乐，沉默寡言，渐渐地把自己埋在作业和课本中，不愿意与同学交流，原本让他充满期待的大学校园生活也变得暗淡无光。

思考： 你有没有小章这样的困惑？遇到这种情况应该怎样办？

马上行动

每个人都有对美好生活的渴望。观察一下周围的成年人就会发现，每个人都在为自己的"安身立命"忙碌，虽然方向和境遇因人而异，但每个人都有自己的生活方式，都在努力实现对美好生活的需求。在这个过程中，你一定会有很多疑惑，将它们列出来，并尝试写出解决办法，填入表1-2中。

表1-2　问问自己

心中的疑惑	解决办法
我拥有什么？	
我应该为什么感到自豪？	
我应该对什么心存感激？	
我怎样才能充满活力？	
我今天能解决什么问题？	
我能抛下过去的包袱吗？	
我怎样过好今天？	

核心知识

一、心态的力量

生活的态度是人们通过生命实践形成的稳定的心理倾向和有关生命问题的基本观点，即心态。心态决定人们的生活习惯以及面对生活的态度，可以告诉人们应该如何生活。

培养大学生良好的社会心态，有利于促进大学生的自我认同，预防大学生的道德失范，推动大学生呈现良好的精神面貌，助力大学生形成和谐的人际关系，提升大学生的社会幸福感。

二、两种心态，两种结果

世界上的事物总是有好坏两方面。"塞翁失马，焉知非福"启迪人们对待事物要有乐观积极的态度。从积极和消极两方面来看，人生态度可以分为积极进取和消极颓废两种。积极进取的心态能增强人的精神力量，帮助人们减小痛苦的压力，克服挫折，并且聚集坚定的力量；消极颓废的心态使人自我怀疑，从而丧失许多机会。当然，一个人的一生中不可能只拥有一种心态，大多数人会在两种心态间相互转换，这与他们的生活现状和目的息息相关。

积极进取型的人通常对生活和社会有强烈的责任感，具有较强的开拓创新和进取精神，看待世界和生活有乐观的态度和发现美的眼睛，坚信生活是灿烂美好和温暖幸福的。消极颓废型的人通常对社会和生活缺乏责任感；没有明确的理想和目标，总是消极看待社会和生活。

在前进的道路上，每个人都会遇到困难和挫折，把它们看作阻碍还是梯子，取决于个人的心态。如果心态是积极向上的，那么困难和挫折将是人生的梯子；如果心态是悲观厌世的，那么困难和挫折将是成功的绊脚石。

三、培养积极进取心态的方法

培养积极进取的心态，以积极的方式开始每一天，可以试着每天问自己以下问题，这些问题会给人带来力量和好心情。

1. 我拥有什么

通常，人们担心自己没有什么，却看不到自己拥有什么，如健康、爱与被爱、食物等。只有当人们失去已拥有的，才知道它的价值。走出悲伤，才能看到自己所拥有的。

2. 我应该为什么感到自豪

为自己每一次取得的成绩感到自豪。不管是什么样的成绩，每向前迈出一步都意味着离人生的成功更进一步。可以为刚刚完成的挑战感到自豪，可以为帮助陌生人而自豪，也可以为结交了一个新朋友或读了一本新书而自豪。

3. 我应该对什么心存感激

事实上，每天都会有很多事情让人感到满意、心存感激。生命中的每一天都是珍贵的礼物。

4. 我怎样才能充满活力

计划每天做一些积极的事情，让自己精力充沛。例如，可以打电话给一直很感激但很长时间没有联系的人，可以对同学说些鼓励的话，或留出时间进行户外运动等。

5. 我今天能解决什么问题

尽量解决自己原本想留到明天的问题，尽量在当天完成手头的事情；敢于面对困难，从不同的角度看问题。

6. 我能抛下过去的包袱吗

过去的负担是指这些年来积累的悲伤经历和不满，背负这些沉重的负担只会让自己的头埋得更低。把值得借鉴的经验保存起来，然后永远卸下包袱，轻装上阵才能走得更快、更远。

7. 我怎样过好今天

如果人们走出常规并学会享受生活，做一些与平时不同的事情，生活将变得多姿多彩。大学生要敢于创新，为自己的生活添彩。

案例分析

新生小静是一个来自农村的姑娘。在之前的学校时，小静性格活泼开朗，因为她与同学们的家庭条件差不多，但是来到新环境，小静很不适应，尤其是很多同学用着昂贵的手机、穿着名牌，经常讨论哪个牌子的衣服好看、哪里的外卖好吃，她总是插不上话。小静慢慢变得自卑起来，开始刻意回避，后来逐渐演变成同宿舍的人以为她特立独行、性格孤僻……

细心的班主任注意到小静的情绪变化。通过深入的谈心，班主任发现小静是一个非常懂事、上进的孩子，因为父亲丧失了劳动能力，家里的重担都压在母亲的肩上，懂事的小静心疼父母，从不乱花钱，总是省吃俭用。于是，班主任帮助小静申请了助学金，同时鼓励她积极为班级同学服务，主动融入班集体，并告诉她盲目攀比是不对的。经过班主任的开导，小静逐渐打开心结，并采取了积极的行动，后来同学们也发现误会了小静。在班干部竞选中，小静还当上了副班长。

思考：小静是如何变化的？

○做一做○

"我是谁"

在表 1-3 中的"我是谁"活动单上写下以"我"字开头的 10 个词，这些词是你头脑中浮现出的关于"我"的任何联想内容，并写出如何去做。最后按你的意愿程度排序，看看你最想是谁。

表 1-3　"我是谁"活动单

我是谁	怎样做	排序
我是		

续表

我是谁	怎样做	排序
我是		
我是		
我是		
我是		
我是		
我是		
我是		
我是		
我是		

拓展阅读

什么是亚健康

在日常生活中，如果一个人没有精神，记忆力减退，身体疲倦，还时不时感到郁郁寡欢，自我感觉很不舒服。去医院就诊，医生的检查结果却是身体生理功能正常。这种介于健康状态与疾病状态之间的状态称为亚健康。

有资料表明，人群中符合世界卫生组织健康标准者约占15%，患有各种疾病者约占15%，处于亚健康状态者占70%左右。这不能不引起我们的警惕。亚健康的症状是：浑身无力、容易疲倦、头脑不清爽、思想涣散、头痛、面部疼痛、眼睛疲劳、视力下降、鼻塞眩晕、起立时眼前发黑、耳鸣、咽喉异物感、胃部不适、颈肩僵硬、早晨起床有不快感、睡眠不良、手足发凉、手掌发黏、便秘、心悸气短、手足易麻木、容易晕车、坐立不安、心烦意乱。亚健康的具体起因与长期过度紧张和平时学习、工作、生活压力有关，也与饮食结构和生活习惯有重要关系，如摄取的维生素少、生活不规律、运动与休息安排不当等。另外，吸烟、酗酒及环境污染也是重要的外因。遗憾的是，至今还没有治疗亚健康的"对症药"面世。

要防止出现亚健康现象，就要尽早预防，从现在开始行动，为自己的健康"买保险"，即养成健康的生活习惯，科学饮食，保持适当的休息，经常锻炼身体，并注重身心调节，保持乐观情绪。

第三节　积极适应大学生活，学会人生规划

生涯故事

小林上大学二年级了，她对学校的新鲜感逐渐淡去，同时觉得自己天天都很忙，上课、听讲座、参加社团活动、和同学逛街……但她又不知道自己在忙什么，感觉没什么收获。有时她觉得很累，可想到要为毕业后的工作打好基础，又觉得这些付出是值得的。

有时她又很茫然，甚至有点沮丧，因为忙得无头绪，不知道这样的付出对未来的发展有没有帮助。

思考： 针对小林的困惑，你认为应怎样处理？

📖 马上行动

在校期间想要完成的事情

每个人都有自己想要做的事，其中有一些希望与人分享，有一些希望默默藏在心底，有一些则还在酝酿当中。这些想法可以很宏大，也可以很具体；可以很严肃，也可以很快乐。请梳理你脑海中的想法，在表 1-4 中填入你在校期间想要完成的事情。每完成一件事情，在表中简要记录自己的感受。等到毕业时，看看自己完成了多少，并用三句话来形容自己的大学生活。

表 1-4　在校期间想要完成的事情

序号	在校期间想要完成的事情	是否完成	感受
1			
2			
3			
4			
5			
6			
7			
8			
9			
⋮			

核心知识

大学生活与高中生活相比有巨大变化，如何适应这些变化是每个大学生都要考虑的问题。只有调整好自我，适应转变，才能快乐并充实地度过大学时光。

一、大学生活的变化

（一）社会角色的转变

大学生的角色不同于高中生。在高中，许多人在学校或班级中担任班干部，而在人才众多的大学校园中，他们中的大多数变得相对普通。此外，大学生和高中生的社会角色也不同：高中生心理和身体都在发育过程中，职业方向和社会角色没有完全确定；大学生的职业方向基本确定，其社会期望和要求远远高于高中生。因此，大学生应该意识到从高中生到大学生的社会角色的变化，要严格要求自己，并学会成为一个会做事的人。

（二）奋斗目标的转变

大学是学生成才、成就事业的一个新起点。古人云："有志者事竟成"，"百学须先立志"。大学生要从高考环境中觉醒，根据学校教学的客观实际和自身实际，在学业、思想道德、心理发展等方面制定个人目标和行动策略，从而增强就业创业的内在动力，在大学学习阶段为以后的就业创业奠定良好的基础。

（三）思维方式的转变

与高中相比，大学生活节奏快，活动空间大，结交的人多。面对这些环境条件的变化，大学生的思维方式要做到由"非成人化"向"成人化"转变。当思考和处理问题时，要力求辩证、全面，不要理想主义和单方面的远视和务实，不要只看眼前的事情。在采取行动之前要三思，不要盲目或情绪化。

（四）生活方式的转变

在高中时，有些生活琐事可以依靠父母的帮助。进入大学后，衣食住行等个人生活都由自己处理安排，自理、自立、自律是大学生活的主旋律。大学生应适应这种生活方式的变化，自主而合理地处理好个人的学习和生活问题，培养独立生活的能力；自觉遵守学校的规章制度和作息时间，养成良好的生活习惯；积极参加班级、学校组织的各项活动。

（五）交往方式的改变

大学生与高中生生源不同。大多数高中生来自当地，通常具有共同的语言和生活习惯；大学生来自更广泛的地域，他们的语言、生活习惯可能不同，这就需要改变沟通方式。要相互了解、互相适应并积极沟通；还要尊重和关心别人，真诚和热情。

二、新身份的自我调整

高中生的主要活动是学习，彼此间利害冲突小、矛盾少。进入大学后，个体差异更明显。每个人都有自己的价值观、生活方式和行为习惯，生活在一起，或友好相处，或平淡如水，或形同路人，若处理不当，容易引起人际关系紧张。大学生面对新的变化，要学会自我调整。

（一）接纳现实，提高自立和自理能力

大学生在适应客观环境的变化过程中最主要的障碍就是理想的学校生活和现实间的差距，这往往会导致他们情绪低落。心理学关于人的心理效应有一对公式：期望值＞实际值＝失望；期望值＜实际值＝满足。入学前，许多大学生把众多学校的优点综合起来形成了对新学校的概念，入校后才发现相差甚远，期望值高于实际值，因此产生心理落差。对此，大学生应增强对当前教育现状的认识，应意识到不可能所有的学校都很完美。事实上，校园环境的优劣、教学设备的齐全和先进与否，并非个体能否成功的决定因素和唯一因素。个人能否有所成就、有所突破，还取决于自身的努力程度，外因还须有内因做基础。大学生应学会主动适应现实环境的变化，提高自身综合素质，以更好地接受社会的挑战。

此外，大学生还应该提高自立、自理能力和业余生活质量。大学生应明白何时何地都是适者生存，能者上，庸者下，因此应从点滴做起，严格要求自己，做一个生理、心理和行为都独立的人，并针对自身发展需求，结合各社团特点，有选择地参加活动，以提高生活和学习质量。

（二）建立新型的人际关系

1. 在交往中不以个人好恶来要求他人

要遵守人际交往的基本法则：你期望别人怎样对待你，你就应该怎样对待别人。另外，人际交往是双向的，互惠互利才能建立良好的人际关系。关系到彼此利益时，双方最好协商，形成一个约定，在不断调适的过程中解决问题，保持和谐的人际关系。

2. 要正确看待摩擦或冲突

摩擦和冲突是不可避免的，多是由于言谈或行为方式不当、处事不理智造成的，通过交流沟通就能够达成共识，找到解决问题的办法。发生矛盾要主动和解，这并非丢人的事情，相反，更表明了本人的豁达大度，能得到他人的尊重和爱戴。

（三）正确认识和评价自我

在自我评价时，许多大学生习惯以己之短比彼之长。每个人都既有长处又有短处，因此，既要在与周围人的比较中看到自己的长处与不足，更要看到自身的成长和收获，增强自信，并不断完善自我。在与别人的比较中一般存在两种差距。一种是学习、人际交往和口语表达等方面的差距。应努力缩小这种差距，但应允许自己有一个逐渐改善的过程，很多大学生想在短期内弥补不足并超过他人，这种期望可以理解但很不现实，差距是客观存在的，不可能一夜之间就能消除。另一种是其他方面的差距，如运动、美术等个人爱好方面的差距。这种差距若能缩小则是锦上添花，即便有差距也无伤大雅，因为每个人都有自己擅长的方面。大学生必须明白，人一生中能做的事情非常少，能做好的就更少了，应把有限的精力放到自己的主攻方向上。

案例分析

坐在宽敞明亮的教室内，小 A 却感到一片茫然，她不知道自己怎么了，上大学后感觉生活节奏没有以前那么紧张了，却更怀念紧张忙碌的高中生活。每天除了上课，就是参加各种各样的活动，同学之间也是泛泛之交，各忙各的，有时看着别人忙着参加各种活动，她突然觉得自己什么都不会，像局外人一样。

思考： 为什么小 A 会有这种感觉？

○做一做○

划掉无法实现的梦想清单

每个人都会同时扮演好几种角色，大学生当前要扮演的最重要的角色就是学生，学生在校学习是为将来进入社会做准备的，通过学习积累丰富的知识、技能、素养。学习是人一辈子都要养成的习惯，只有不断地完善自我，将来才能更好地立足社会。

请在纸上列出自己的目标清单。假如你当前没有扮演好学生这个角色，在你前面列出的人生目标中，哪些将无法实现？请用笔划掉那些无法实现的目标。

讨论： 你现在是什么感受？你打算怎么做？

第二章 认清自我，成就明天

第一节 了解职业性格

📚 生涯故事

小刘是一名计算机相关专业的学生，其实他在填报志愿时对这个专业并不了解，只是听说计算机相关专业是"热门专业"，将来容易就业……在新学期刚开始时，他很积极、认真地学习这个专业的知识，但后来发现自己对这个专业实在没有兴趣，学起来也很吃力。他慢慢变得不愿看课本，也不愿上专业课。过了一段时间，小刘突然意识到自己浪费了太多时间，好像什么都没学到，这样下去毕业时几乎等同于失业，甚至无法正常毕业。虽然他很想改变现状，但是又感到很迷茫。

思考：你喜欢现在的学校和专业吗？如果未来从事相关的职业，你的性格适合吗？

📖 马上行动

5～8 人一组，小组内部成员互相分析每个人像表 2-1 中的哪种动物。比较自己对自己的分析与别人对自己的分析是否一致。

表 2-1 四种动物及其特征

动物	特征
狮子	踏实、认真严谨、稳重，有责任心，喜欢控制和把握人和事
狐狸	机敏、聪明，善于解决问题，善变，善于应急和救急
海豚	友善，注重团队合作，亲切，乐于助人，做事专心，善于为他人着想
老鹰	看问题尖锐，做事专注，目标性强，做事狠准稳

核心知识

一、性格

性格是指一个人在对人、对事的态度和行为方式上所表现出来的心理特点。这个概念强调个人的典型行为表现和由外部条件决定的行为。我国的心理学界更愿意把性格定义为一个人经由生活经历所积累的稳定行为习惯倾向。性格的形成比较复杂，由内在因素和外在因素共同作用而成。

二、职业性格的含义

职业性格是指人们在长期的职业生活中所形成的和职业相关联的、稳定的心理特征。例如,有些人对待工作比较认真、负责,在待人处世中经常表现出高度的原则性,活泼、果断、负责,而对待自己常表现为自信、严于律己、谦虚等,由这些特征的总和就可以得到其职业性格。

三、职业性格的类型

因为人的性格是非常复杂的,因此对于性格的分类,有很多分类标准和方法。我国的教育家和心理学研究人员根据我国的实际情况,将职业性格概括为以下基本类型。

1)变化型。能够对新的或意外的职业环境感兴趣,追求并适应多样化的职业环境,注意力从一件事到另一件事转移得十分轻松。

2)重复型。喜欢并适合一直从事同一职业,喜欢遵循固定模式或其他方式工作。

3)服从型。喜欢和他人一起工作或根据他人的要求开展工作,愿意配合别人或按别人的指示工作,不喜欢独立做出决定。

4)独立型。喜欢计划自己的活动和指导他人的活动,会从独立负责的工作中获得乐趣,喜欢对即将发生的事情做出自己的决定。

5)协作型。喜欢与人一起工作,喜欢引导他人按客观规律行事,希望能得到同事的认可。

6)劝服型。喜欢尝试让他人同意自己的观点,对他人的反应有较为准确的判断,善于影响他人的态度、判断和决定。

7)机智型。喜欢在意想不到的处境或者危险和出乎意料的情况下,自我控制和平静、出色地工作,在犯错时不惊慌失措,有较强的适应性,思维敏捷。

8)自我表现型。愿意表达自己,通过自己的具体职业和其他活动,把自己的想法展现出来,喜欢展示自我。

9)严谨型。喜欢注意细节的准确性,在工作中遵循一套规则,通过工作成果可以看到努力和严谨的过程。

四、性格测试

迈尔斯-布里格斯类型指标(Myers-Briggs type indicator,MBTI)性格测试是在瑞士心理学家荣格的性格理论基础上,由美国一对心理学家母女凯瑟琳·库克·布里格斯(Katherine Cook Briggs)和伊莎贝尔·布里格斯·迈尔斯(Isabel Briggs Myers)研究出的心理测评工具。MBTI 是一种迫选型、自我报告式的性格评估工具,可以衡量和描述人们在获取信息、对待生活、做出决策等方面的心理活动规律和性格类型。MBTI 主要应用于职业咨询、职业发展、婚姻教育等方面。

MBTI 衡量的是个人类型偏好。偏好造就了人与人之间的差异,并没有高低好坏之分。这种差异体现在四个维度上,每个维度又各有两种倾向,个体在每个维度上会有自己相对明显的倾向,四个维度上的不同倾向通过排列组合形成了 16 种不同性格。

（一）能量获得途径：外向——内向

能量获得途径是指一个人的能量和精力的来源，包含外向（extroversion，E）和内向（introversion，I）两种倾向。外向型的人倾向于将注意力和精力投注到外部世界，如外在的人、外在的物、外在的环境等。外向型的人有时会责备自己说得太多，但是往往在说的过程中可以整理自己的思维，在更多的人参与自己的生活和工作时更有活力和动力。外向型的人喜欢和其他人一起处理事情，享受一起工作的时光，但对自己会持怀疑态度，愿意且需要得到别人的认可。

内向型的人较为关注自我的内部状况，如内心情感、思想，说话之前会考虑再三，他们更愿意倾听别人的观点。在和很多人交往沟通之后，如参加完一个大型活动，他们可能需要独处去恢复耗费的精力。

两种类型的个体在各自偏好的世界里会感觉自在、充满活力，而到相反的世界里则会不安、疲惫。那么在 MBTI 类型中显示为内向型的人，就意味着在任何时候、任何地点都是内向型的人吗？其实不是。MBTI 的每个维度只是偏好，只是程度的不同，而不是有和无的关系。可能在有些维度上差异的程度较大，但更多时候，外向型的特点和内向型的特点会共存，某种程度来说只是更倾向于某一种而已。可能某个人是内向型的人，但在特定的时候他也会表现出外向型的特点。

值得注意的是，MBTI 所说的"外向和内向"和平时理解的"外向和内向"是不同的。在习惯中，人们会觉得一个人如果善于与别人打交道，能言善辩就是外向的人，其实不然。MBTI 中内向和外向这个维度说的是能量的朝向。内向型的人谈话内容多是朝向内，不愿意与他人过多地打交道，但并不是说内向型的人的人际交往能力差。所以，不管是对内向、外向维度进行探索，还是把对这个维度的理解运用到现实的学习和生活中，都要注意这个问题。

（二）注意力的倾向：感觉——直觉

人接受信息的时候注意力聚焦的地方往往是注意力的倾向，包含感觉（sensing，S）和直觉（intuition，N）两种倾向。感觉型的人更着眼于检查实际情况，更喜欢按顺序、一步一步地获取信息。直觉型的人重在探索可能性，习惯以灵活、敏捷的方式获取和描述信息。

（三）决策判断的方式：思考——情感

决策判断方式是指获取的信息如何进行运用的方式，包含思考（thinking，T）和情感（feeling，F）两种倾向。思考型的人喜欢跳出情感之外做决定，采用客观的立场，偏向理性。情感型的人习惯在做决定时介入情境之中，代入情感的立场，偏向感性。

（四）采取行动的方式：判断——知觉

采取行动的方式是指解决问题时采取何种行动策略，包括判断（judgement，J）和知觉（perception，P）两种倾向。判断型的人会按照事先制定的进度完成工作。知觉型的人更愿意采取顺其自然的方式，经常通过临时的方式顺理成章地完成工作。

在性格的四个维度上，虽有 16 种类型，但没有高低优劣之分。每一种性格类型都有各自适合的环境和职业，如果找到与性格匹配的环境或职业，工作就会较顺畅，工作效率也会较高。如果挑选环境或职业时不考虑性格因素，那么在适应环境时，个体将要付出更多的努力，甚至会出现不好的结果。

案例分析

小刘和小王在同一家公司做秘书工作。小刘平日较为文静，做事沉着稳重，对公司内部业务较为熟悉，领导分配的任务都能保质保量地完成，因此领导对他的工作态度非常认可，经常把内部业务交给小刘处理。

小王较为活泼一些，善于沟通，公司里里外外的业务都能独当一面，因此领导经常把与人沟通交流的工作交给小王去做，小王做起工作来应对自如，她的业务能力也得到了领导的赞赏。

思考：对比小刘和小王，你是怎样的职业性格？适合做哪种工作？

○做一做○

MBTI 性格测试

统计表 2-2 中每种类型有几个符合自己的描述（只考虑最自然、最真实的情况下自己会如何行动，而不用考虑应该和希望自己如何行动），将数目填入"总计"栏中。

表 2-2　性格测试题

类型	题目	类型	题目
外向（E）	1. 关注外部环境	内向（I）	1. 关注内心世界
	2. 喜欢用谈话的方式沟通		2. 更喜欢用书面方式沟通
	3. 较之精深，更喜欢广博		3. 较之广博，更喜欢精深
	4. 好与人交往，善于表达		4. 安静而显得内向
	5. 兴趣广泛		5. 兴趣专注
	6. 先行动，后思考		6. 先思考，后行动
	总计		总计
感觉（S）	1. 着眼于当前的实际情况	直觉（N）	1. 着眼于未来的可能
	2. 愿意用眼睛、耳朵和其他感官去察觉、感受事物		2. 喜用想象去发现新的做事方法和新的可能性
	3. 不喜欢出现新问题，除非存在正确的解决方法		3. 善于解决新问题，讨厌重复地做同一件事
	4. 喜欢用已会的技能去做事，而不愿意学习新东西		4. 与其说练习旧技能，不如说更愿意运用新技能
	5. 对细节很耐心，但当出现复杂情况时则开始失去耐心		5. 对细节没有耐心，但不在乎复杂的情况
	总计		总计
思考（T）	1. 以逻辑方式解决问题	情感（F）	1. 受个人价值观引导
	2. 运用因果推理		2. 富有同情心
	3. 好分析，爱讲理		3. 了解和懂得别人的感受

续表

类型	题目	类型	题目
思考 （T）	4. 寻求客观、公正的标准	情感 （F）	4. 寻求和谐
	5. 可能显得不近人情		5. 可能显得心太软
	总计		总计
判断 （J）	1. 有计划	知觉 （P）	1. 自发
	2. 喜欢组织管理自己的生活		2. 灵活
	3. 有系统、有秩序		3. 随意
	4. 按部就班		4. 开放
	5. 喜欢制订长期和短期计划		5. 不喜欢确定，喜欢留有改变的可能
	6. 提早准备，避免最后一分钟做决定的压力		6. 最后一分钟的压力会使他们精力充沛
	总计		总计

从上述四个维度［即外向（E）和内向（I）、感觉（S）和直觉（N）、思考（T）和情感（F）、判断（J）和知觉（P）］中，分别找出每个维度中的数字较大者，将相应的字母依次写出来，即为你的性格类型。对照表 2-3 中的 16 种性格类型，看看你适合什么样的职业。

表 2-3 MBTI 性格类型与匹配的职业

MBTI 性格类型	匹配的职业
ISTJ（内向感觉思考判断）	社会秩序维护者
ISFJ（内向感觉情感判断）	法律咨询顾问
INFJ（内向直觉情感判断）	咨询师
INFP（内向直觉情感知觉）	规划者、交际者
ESTJ（外向感觉思考判断）	监察者
ESFJ（外向感觉情感判断）	产业链管理者、产品销售人员
ENFJ（外向直觉情感判断）	教师
ENFP（外向直觉情感知觉）	倡导者、激发者
ISTP（内向感觉思考知觉）	歌唱家、技术工作者
ISFP（内向感觉情感知觉）	文学作品创作者
INTJ（内向直觉思考判断）	智库专家、科研工作者
INTP（内向直觉思考知觉）	建筑师、设计师
ESTP（外向感觉思考知觉）	发起者、创造者
ESFP（外向感觉情感知觉）	表演者、演示者
ENTJ（外向直觉思考判断）	最高执行者
ENTP（外向直觉思考知觉）	高级管理者、发明家

拓展阅读

气   质

气质可分为四种类型：胆汁质、多血质、黏液质和抑郁质。通常，大多数人是两种气质类型或多种气质类型的混合体，而只有少数人拥有一种气质。

1. 胆汁质

胆汁质是神经活动强而不均衡型。这种气质的人容易兴奋，容易冲动，脾气暴躁，性情率真，精力充沛，能以极高的热情埋头事业。兴奋时，决心克服一切阻碍；精力耗尽时，情绪又急转直下。胆汁质的人能够出色地担任导游、节目主持人、演讲者、外事接待员、推销员、演员、监督员等工作。他们更能适应喧闹、嘈杂的环境，但很难胜任需要长久安坐、细心筛查的工作。

2. 多血质

多血质是神经活动强而均衡的灵活型。这种气质的人热心，活泼好动，善于社交，反应灵敏，适应性很强，精神愉悦，灵活机智，但注意力不容易集中，情绪多变，办事看重兴趣，富于幻想但不愿意做耐心细致的工作。多血质的人适宜做外交、管理、公关员、驾驶员、医生、律师、运动员、记者、演员、军人、警察等。

3. 黏液质

黏液质是神经活动强而均衡的安静型。这种气质的人安静，情绪稳定，善于忍让，生活方面有规律，不为不紧要的事情分心，埋头苦干，有持久性，态度稳重，不卑不亢，不爱空谈，严肃不灵活，因循守旧。黏液质的人适合做外科医生、法官、管理人员、会计、保育员、话务员、播音员等。

4. 抑郁质

抑郁质是神经活动的弱型，兴奋和抑制过程都弱。这种气质的人沉稳、深沉，易相处，人缘好，办事稳妥可靠，做事坚定不移，能克服阻碍，但比较敏感，孤独寡断，容易疲劳且不易恢复，反应迟缓，不思进取。抑郁质的人适合做校对员、打字员、检查员、化验员、报关员、机要秘书、艺术工作者等。

第二节   探索职业兴趣

生涯故事

一位近30岁的人写信给一位百岁老人，诉说自己的苦衷，说自己从小就喜欢写作，却阴差阳错当了一名医生，而他对自己从事的职业一点也不感兴趣，想改行干写作，又担心年纪太大，为时已晚。老人接到信后，立刻给这位医生回了一封信，信中说："做你喜欢的事，哪怕你现在已经80岁。"

这位医生收到信后，受到鼓舞，他放弃行医，拿起了笔杆，以后竟成了大名鼎鼎的作家，他就是日本的渡边淳一，而那位百岁老人名叫摩西，曾是美国一位普通的农妇。

她在 76 岁时因患关节炎放弃农活后开始画画；80 岁时在纽约举办了个人画展，引起轰动；101 岁辞世时留下 1600 幅作品。

思考：你现在有没有敢想却不敢为之行动的人生梦想？你愿意努力去实现吗？

马上行动

学校放暑假了，你可以利用假期去做一次短期的社会实践。有六座岛供你选择，每座岛都各具特色，但从时间安排上看，最多允许你前往其中一座到三座岛。在这些岛上，你可以各停留半个月。你不仅可以在岛上游览风光，和当地居民共同生活，还可以做你感兴趣的事情。各个岛的特色如下。

岛 A：美丽浪漫的岛。岛上有美术馆、音乐厅、街头雕塑和街边艺人，弥漫着浓厚的艺术文化气息。居民保留了传统的舞蹈、音乐和绘画，许多文艺界的朋友都喜欢到这里来寻找灵感。

岛 S：友善亲切的岛。岛上居民个性温柔、友善、乐于助人，社区均自成一个密切互动的服务网络。人们重视互助合作，重视教育，关怀他人。

岛 E：显赫富庶的岛。居民善于企业经营和贸易，能言善道。岛上的经济高度发达，处处是高级饭店、俱乐部、高尔夫球场。来往者多是企业家、经理人、政治家和律师等。

岛 C：现代、井然有序的岛。岛上建筑十分现代化，是进步的都市形态，以完善的户政管理、地政管理、金融管理见长。居民个性冷静、保守，处事有条不紊，精于组织策划，细心高效。

岛 R：自然原始的岛。岛上的自然生态环境甚佳，有各种野生动物。居民以手工见长，自己种植花果蔬菜、修建房屋、打造器物、制作工具，喜欢户外运动。

岛 I：深思冥想的岛。岛上有多处天文馆、科技馆及图书馆等。居民喜好观察、学习、探究、分析，崇尚和追求真知，常有机会和来自各地的哲学家、科学家、心理学家等交流心得。

你选择的岛：

选择 1：岛_____。

选择 2：岛_____。

选择 3：岛_____。

其实这六座岛就代表着六种典型职业兴趣类型。你选择的岛就是你的职业兴趣所在。

核心知识

一、职业兴趣的重要性及兴趣与职业的关系

（一）职业兴趣的重要性

兴趣是重要的心理特征之一，是一个人力求认识某种事物或从事某种活动的心理倾

向。职业兴趣是兴趣的重要内容，指一个人力求了解某种职业或从事该职业的心理倾向，表现为对某种职业的选择态度或积极的情绪反应。

职业兴趣在人的职业活动和整个生涯发展过程中都具有重要作用。首先，它影响人们的职业定向和职业选择。在求职过程中，人们会不由自主地考虑到自己对某方面的工作是否喜欢、是否感兴趣。其次，职业兴趣能开发人的工作能力，激发人们进行探索和创新。有资料显示，如果一个人对某一工作感兴趣，就能够发挥他全部才能的80%~90%，并且能较长时间保持高效率而不感到疲劳；对工作缺乏兴趣的人，只能发挥其全部才能的20%~30%，且容易疲劳、厌倦。另外，有人曾对美国成功人士进行了一项调查，结果表明，他们之中94%以上的人从事着自己喜欢的工作。最后，职业兴趣可以增强人的职业适应力，使人更快地适应职业环境和职业角色。

（二）兴趣与职业的关系

实际生活中，兴趣和职业往往是交织在一起的，虽然将兴趣划分为职业兴趣和非职业兴趣，但如果注意一下那些非职业兴趣，就会发现几乎所有的兴趣都与一个人的职业生涯有一定的关系。例如，爬山的兴趣可以演变为登山或户外运动的工作；逛商场、购物的兴趣也可以演变为采购或着装指导的工作，甚至玩游戏也可以演变为游戏设计方面的工作等。

当然，由于受兴趣的广泛性和很多现实情况的影响，并不是所有的兴趣都应该或能够在自己的职业中得到满足。兴趣也可以通过兼职、志愿活动、参加社团、业余爱好等多种方式来实现。大量的研究表明，兴趣和工作满意度、职业稳定性和职业成就感之间存在明显的关联，因此在选择职业时，有必要将兴趣作为一项重要的因素考虑进去。兴趣或职业兴趣在人的职业选择和整个生涯发展中虽然不起决定性作用，但做到工作和个人兴趣的适度统一是十分必要的。

二、霍兰德职业兴趣理论

约翰·霍兰德（John Holland）是美国著名的心理学教授和职业指导专家。他于1959年提出了具有广泛社会影响的职业兴趣理论，认为人的人格类型、兴趣与职业相关：某一类型的职业通常会吸引具有相同人格特质的人，而具有相同人格特质的人对许多生活事件的反应模式也是相似的，他们创造了具有某一特色的生活环境，也包括工作环境。在这种思想的基础上，霍兰德归纳了人的六种人格类型。由于这种分类是职业上的反映，因此也可以理解为职业类型。另外，霍兰德还对职业类型按与人格类型相同的模式进行研究和分析，对工作环境的类型采用了与人格类型相同的名称。

（一）人格类型

霍兰德认为，大多数人的人格特质可以归纳为六种类型，即现实型（realistic type，R）、研究型（investigative type，I）、常规型（conventional type，C）、艺术型（artistic type，A）、社会型（social type，S）和企业型（enterprising type，E）。工作环境也有六种类型，其名称和性质与人格类型的分类一致。人们都尽量寻找那些能运用自己的技术、体现自身价值和能在其中扮演令自己愉快角色的职业，如一个研究型的人会尽力去寻找研究型的职业。一个人的行为表现是职业环境类型和人格类型相互作用的结果。

六种人格特质类型以及具有该种人格特质的人所适合的职业如表 2-4 所示。

表 2-4　六种人格特质及其适合的职业

类型	特点	适合的职业
现实型（R）	喜欢使用实物工具进行手动操作 喜欢从事具体事务而非抽象开放事务 喜欢独立做事并偏向与物体打交道 喜欢从事体力或户外活动	外科医生、工程师、运动员等
研究型（I）	求知欲强，喜欢钻研，刨根问底 喜欢进行抽象的分析和推理 偏好于探索未知和开放的领域 喜欢独立和富有创造性的工作	科学家、教授、研发人员等
常规型（C）	喜欢有条理和有计划的操作 喜欢遵从权威、规范、流程 富有耐心，办事仔细、精确 注重细节和实效	行政人员、会计、军人等
艺术型（A）	富有想象力和创造力 喜欢表达自我的个性和情感 做事理想化，追求美感 喜欢富于变化和多样性的工作	艺术家、作家、媒体人员等
社会型（S）	喜欢人与人之间的和平交流 乐于表达自己的热情、善意 富有责任感，乐于助人 重视教育和心灵成长	教师、社工、非政府组织从业者等
企业型（E）	喜欢竞争，敢于冒险，有抱负 偏向于对他人进行影响和掌控 富有目的性和雄心壮志 重视权威和社会影响力	企业管理者、政客、律师等

（二）六种人格类型之间的关系

霍兰德提出了六角形模型（图 2-1）来解释六种职业类型之间的关系：在六角形模型中，六种类型被表示为以下三种关系：相邻关系，如企业型和社会型的关系；相隔关系，如研究型、常规型与社会型的关系；相对关系，如现实型和社会型的关系。任何两种类型之间的距离越近，其职业环境及人格特质的相似程度就越高。例如，企业型和社会型在六角形模型中是相邻的关系，它们的相似性最高，这两种类型的人都比其他类型的人更喜欢与人打交道，只是他们打交道的方式不同而已。现实型和社会型正好处于相对的位置，这就意味着其相似性最低。研究型和社会型则具有中等程度的相似性。六角形模型也可以表明六种人格特质类型之间的一致性。

六角形模型可以帮助人们对人格特质类型与职业环境类型之间的适配性进行评估。例如，一个社会型人格特质占主导地位的人在一个社会型环境中工作会感到舒畅，但如果让他在一个现实型的工作环境中工作，他可能就会感到不舒服，因为这两种类型具有不同的特点。因此在现实生活中，人们要尽量选择与自我兴趣类型匹配的职业环境，这样可以更好地发挥个人的潜能。

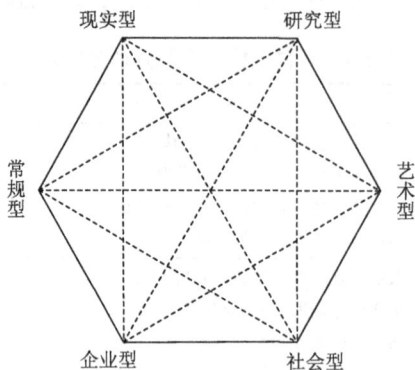

图 2-1　霍兰德六角形模型

霍兰德同时指出，应该注意人格特质模型之间的"区分性"。假设运用霍兰德的自我指导探索（self-directed search，SDS）量表对两个人进行测试的结果是：他们前 3 个字母代码的顺序相同，都为 RAS，但对应的 R、A、S 的得分分别为 30、20、10 和 22、21、19，很显然这两组代码的类型是很不相同的。前一种分数组合代表的是"区分性"或稳定性高的模型，而后一种的"区分性"则不够。像这种分数接近的类型，不但要对其前 3 个字母的组合进行研究，同时也要对其他 6 个可能的组合进行研究。

三、职业兴趣的测评

为了科学有效地探索职业兴趣，心理专家和职业指导专家开发了许多职业兴趣测试。例如，1927 年，斯特朗推出了"斯特朗职业兴趣调查表"，这是世界上第一个职业兴趣测试。后来，库德发表了"库德爱好记录表"，霍兰德编制了"自我指导探索量表"，等等。在选择、使用测评工具时，应注意以下问题。

1. 选择测评工具

在选择测评工具时，尽量选择可信度高的。现在国内已经引进并自主开发了很多相关的测评工具，网络上有很多免费的测试，只需要在测试前进行筛选。要注意测试是否符合心理测量的基本标准，是否具有良好的可信度。如果是自我评估，则需要有明确的评估报告等。

2. 施测及解释结果

在使用测评工具之前，需要认真阅读指导语，依据施测要求进行施测。解释结果符合规范的做法是，除自助式的测评之外，往往要求由专业的职业生涯辅导人员进行测评，并对测评的结果进行专门的解释和说明，辅助被测者正确理解测评的含义。有些测评工具的发展相对不成熟，缺乏专业的职业生涯辅导人员，解释结果也比较杂乱。因此，一定要注意不能滥用、迷信测评，以免被误导。

3. 正确对待职业兴趣测评

严格来讲，测评的结果不能被误认为"哪种职业适合我"，只是说根据测评的常模样本，拥有某种类型兴趣特征的人通常会偏向于选择某些类型的职业，并且从事这样的职业感觉比较愉快、满足。在不同的机构内的同一种职业，其性质和工作内容可能有明显的区别，因此要根据具体情况具体分析。兴趣测试的目的是增强个体对自我及职业世界的认识水平，拓展其在职业前景规划上的思路，为其未来的职业规划提供方向性的指导，而不是去限定。因此，不要拘泥于测试结果所给出的职业，也不要盲目地给自己下定义，限制自己对职业类型的选择。

4. 职业兴趣测评的局限性

随着测量理论和测量技术的不断发展，职业兴趣测评的质量不断提升，但被测者在做职业兴趣测评时是根据个人的主观认识做出的判断，这就致使结果会出现一些偏差。有些人在做职业兴趣测评时会局限于自己的价值观、能力，得出的结果与自己的实际职业兴趣相偏离；有的人也许并不清楚自己的喜好，也许测试时心理状态不稳定等，会致使几次测试结果产生偏差；还有的人受环境和现实经历的影响，没有发挥或认识到自己的兴趣所在，这会导致测出的多种兴趣类型的分值比较接近。因此，大学生要树立一种理念：职业兴趣测评并不是得出某个特定的职业结果，而是以兴趣类型作为自己探索和定位的参照依据。

四、当代大学生职业兴趣的特征

职业兴趣测评往往存在一定的局限性，但它也有一定的科学依据，并且这些测评会逐渐得到完善。通过职业兴趣测评，不仅可以了解个人职业兴趣，为个人选择就业提供参考，还能分析一个群体测评的结果，明确某个特定群体的职业兴趣特征。当代大学生职业兴趣的特征主要体现在以下方面。

1. 职业兴趣模糊

许多大学生没有很好地认识自己的职业生涯，较少关注职业兴趣，他们往往对自己的职业喜好和倾向了解很少或含糊不清。

2. 职业兴趣污染

职业兴趣污染是指个体受到多元价值观和外部多样的、不实际的社会信息的种种影响，使个体对某种职业的倾向偏离自己的内心初衷，使个体的倾向内容偏离职业本身的情况。大学生群体容易受外部环境信息影响，择业倾向常常受到多元价值观和纷杂的消极信息的影响，包括本人的职业兴趣这类比较接近本性的心理特征也会受到影响，导致表现与本性不相符。许多大学生对职业兴趣的回答往往显示他们急功近利，只注重表面和结果。

3. 职业兴趣沮丧

职业兴趣沮丧主要指对自己所学的专业和将来要从事的职业不感兴趣，或难以从事自己喜欢的专业和职业，从而致使个体内心沮丧。

4. 事业爱好范围小

事业爱好范围小是指许多大学生觉得自己爱好少、内容不充足。依从自我内心体验和外在表现的明显程度，事业爱好可分为显性事业爱好和隐性事业爱好。显性事业爱好是指自我能体验到对某一事业有较明显的倾向性。隐性事业爱好是指自我通过对事业的了解和认识能够对其产生爱好，但是因为缺乏外部刺激而没有明显表现出来。人的隐性爱好范围广泛，通常提到的爱好不广泛主要是指显性事业爱好。有资料显示，在校大学生除了专业爱好较明显外，其他的爱好得分通常较低。很多大学生思想不开放，认识和理论欠缺，不能把个人的隐性事业爱好转变成显性事业爱好，导致出现事业爱好范围小的现象。

5. 爱好的稳定性不足，结构不完善

人的爱好跟心理现象一样，都是会变化的，但是只有拥有稳定的爱好才能把工作坚持下去，做好工作，获得成就。大学生事业爱好的稳定性较差，持久性较短，而且容易有从众想法。在爱好的结构上，很多大学生没有体现出结构上的层次感，有的大学生各方面的爱好程度都很相似，还有的大学生不能形成比较稳定的中心事业爱好。这些都会影响他们以后的发展。

6. 爱好效能差，事业倾向低

爱好效能是推动工作和活动的力量。根据自我爱好的效能水平，爱好可分为高效能爱好和低效能爱好。高效能爱好是工作和学习的推进器，能够推动自我能力和性格的发展。低效能爱好不能产生实际效果，仅仅是一种憧憬、一种懈怠。大学生的爱好很多，其中很多对学习和工作没多少用处，即低效能爱好较多。例如，有些大学生经常沉溺于各种社交软件或游戏，这些都是懈怠、享受的心理现象。从这个方面出发，增强大学生的爱好效能，指引其原有爱好的事业倾向，是非常重要的。

经典案例 ——————————————————————————

出生于西藏一个普通农民家庭的罗布，因为生性好玩，学习成绩不好，初中毕业后未能考上普通高中，便一直待在家里。后来，家里人听说在山南地区有一所职业学校，在那里可以学到本领，就劝他去试试。当罗布听说该职业学校有绘画专业时，非常高兴地答应了，因为他从小就喜欢画画。随后，罗布通过了该职业学校的招生考试，成为该校第二届传统绘画班的学生。

罗布对绘画非常着迷，开始学习绘画以后，他像变了个人似的，以前在学校让教师感到头痛的学生，现在变得遵守纪律了，回到家里也不和以前的同伴出去玩了，

而是经常一个人拿着画夹和画笔到外面去画画。三年后，他以优异的成绩从职业学校毕业。

在罗布之前，他的家乡没有人会绘画，盖房子、打家具时，房屋和家具上的图案常常要到外地去请画师来画，既费时间又费钱，生活条件困难的家庭常常因为价格高而请不起画师。为了改变家乡的这一现状，罗布毕业时谢绝了学校要他留校任教的安排，决定回到家乡，用自己所学的专业知识为家乡人民造福。他的这一举动得到了家乡人民的欢迎和鼓励。回到家乡后，许多人请他画房屋和家具上的图案。他热爱绘画这一职业，更了解家乡人民的疾苦，因此工作特别认真，甚至连县里的单位也专门请他去画画。

有国外调查机构曾经就"职业与兴趣"这一主题对 1000 名职场人士进行调查，结果令人吃惊，有 38% 的人对自己从事的职业不感兴趣，而在 38% 的人中，最后能摆脱不感兴趣职业的不足 3%。

思考：从职业兴趣角度出发，你会如何选择职业？

○做一做○

我对职业的认识

家庭、家族、邻居和朋友的言语行为会影响一个人面对人和事的态度。人们会通过周边熟悉的人接触其所在的行业。所以，对比其他职业，人们也同样容易对这类职业产生准确认知。要想明确自己对哪些职业感兴趣，可以从这里开始。

向你的家庭、家族、邻居、朋友询问他们从事的职业并记录在表 2-5 中，看看你对其中的哪些职业比较感兴趣。

表 2-5　了解亲朋好友的职业

关系	从事的职业
父亲	
母亲	
兄弟	
姐妹	
叔叔/舅舅	
婶婶/舅妈	
姑姑/姨妈	
祖父/外祖父	
祖母/外祖母	
堂/表兄弟	
邻居	
朋友	
其他人	

拓展阅读

事业爱好的探寻

通过活动能够扩展自己的事业爱好，通过爱好测试能够认识自己的事业爱好。为探寻事业爱好，可以做以下活动。

1. 搜索与记录——拓展事业爱好

如果觉得自己的爱好较少，可以做以下练习。在学校就业指导中心或图书馆寻找与事业相关的小册子或图书等资料。或者通过网络搜索引擎，输入"事业生涯""事业""工作"，利用关键词寻找。或者到一些专门的事业搜索网站进行搜索并寻找。这样做的目的是提高对工作世界的认识，延伸自己的事业爱好。把你能够通过上述方式找到的任何感到有趣的方面写在下方的空白处。

2. 回答问题——探究事业爱好

请具体、详细地回答下列问题，并组成小组相互讲述自己对问题的思考和回答。通过互相提问也可以从中发现细节、发掘原因，这能够帮你回忆并梳理日常生活中有关个人爱好的一些代表性事件，以此增进你对自我事业爱好的觉察，同时起到探究作用。

假如你有机会能在一夜之间通晓三种专业，你希望是什么专业？请写在下方空白处。

与哪些人讨论什么话题会感到很激动，会有一种发自内心的舒适感？请写在下方空白处。

你喜欢浏览哪一方面的报纸或书籍？阅读哪一方面的报纸或书籍能够真正地让你感到快乐？请写在下方空白处。

你平时阅读杂志上的哪类文章？你对什么主题的板块特别感兴趣？请写在下方空白处。

你在书店会更愿意停留在哪类书架前？哪方面的书会让你感到有趣？请写在下方空白处。

你经常浏览什么网页？这些网页实际上属于哪个方面？请写在下方空白处。

你平时最喜欢看哪些综艺节目？如果你正在看一部电视剧，你希望它属于哪一类题材？电视剧又展现什么内容？请写在下方空白处。

无事的时候，你一般会做什么活动或学些什么？什么会吸引你的注意？请写在下方空白处。

我们生活中都存在着这样那样的时刻，由于专注于某种工作或某方面的学习而忘记休息，换作是你，你觉得会是什么样的工作让你如此聚精会神、废寝忘食？请写在下方空白处。

回答完以上问题，请分析：答案有什么相同点？是否能够总结出什么主题或归纳出关键词？这些主题和关键词和霍兰德的哪些类型相匹配？这些主题或关键词如何在今后的生活中得到发展？请写在下方空白处。

第三节　掌控职业能力

生涯故事

某公司空缺了一个经理的职位，无论从职位还是薪酬来说，吸引力都非常大。前往竞争的两个人 A 和 B 同属于一个部门，并且都是主管。A 属于从一线做起的，做过服务工程师、产品经理，再转到现有主管的职位，下属一人，具有较丰富的理论知识、较强的实践经验和优秀的表达能力；而 B 属于学院派，性格较内向，专业能力和实践能力都没有特别出彩的地方，但也没有特别的短板。公司对两位应聘者做了综合的权衡，最终选择 B 担任经理一职。

第一，本职工作方面。A 之前是公司明星产品之一的产品经理，在其负责的产品领域经验丰富，但是随着业务的熟练程度提高，惰性也越来越高。公司在对 A 的考察中发现，A 总是按照以往的思路去做事情，大部分是凭着感觉去面对新工作，所以公司对 A 的职业能力有了新的看法。B 之前并未负责成熟的明星产品，更多的是负责新产品的引进与推广，针对新产品与国外互动多，无论是对功能的了解，还是对故障和疑难杂症的沟通交流，都能做到有求必应，属于中立的角色，不偏不倚。因此，B 获得了公司的信任。

第二，带人培养方面。A 的直接下属只有一人，但是 A 并没有在下属身上花太多心思，两人的交流很少。A 也没有耐心，所以其下属成长得比较慢。B 也没有花太多心思培养下属，但在工作和生活中与下属还是有些互动的，其下属中一名成长很快的骨干今年离开，不过离开的主要原因和 B 关系不大。

第三，跨国项目方面。市场部都会参与一些跨国项目，A 参与更多的是成熟型产品的应用和推广，属于从 1 到 N；而 B 前后参与过多个新产品的引进，从国内的角度来说，可以说是从 0 到 1，对新产品的培训较多，特别是销售方面的培训，其更多的是授人以渔，而非授人以鱼。

第四，事业与亲情方面。A 对于孩子的教育还是比较重视的，也知道陪伴的重要性，随着工作重复性的增加，经常会存在离岗行为，只为回家多陪陪孩子。B 属于润物细无声型的父亲，不会在办公场合讲太多家庭的事情，也不会轻易离岗。

思考：从 A 和 B 的身上你可以学习到哪些东西？

马上行动

成就事件是指当回想起这件事时，总会有一种成就感，能激励自己，给自己力量。成就事件无大小之分。请在表 2-6 中按照下面的步骤写出你的成就事件：第一步，在"what"栏概括这是一件什么事；第二步，在"how"栏写出你是怎样做到的；第三步，在"which"栏概括这件事的成就。

表 2-6　我的成就事件

示例	what	暑假，我赚钱给妈妈买了一副新手套
	how	假期教邻居家的孩子学英语，且通过语音游戏让他喜欢上英语口语，邻居叔叔给我 200 元作为答谢，我给妈妈买了新手套
	which	语言表达能力、人际交往能力
我的成就事件一	what	
	how	
	which	
我的成就事件二	what	
	how	
	which	
我的成就事件三	what	
	how	
	which	

核心知识

一、职业核心能力

职业核心能力就是从业者在择业和职业生涯发展过程中应具备的除了职业和岗位要求的专业知识与技能等专业能力之外的基本能力。从业者应该具备的职业核心能力可分为交流表达能力、数字运算能力、改造创新能力、自我提高能力、与人相助的能力、解决问题的能力、信息处理能力和外语应用能力等八项。

（一）交流表达能力

交流表达能力是指通过口头和书面形式以及其他适当形式，准确清晰地表达自己的意图，和他人进行双向（多向）信息传递，以达到相互了解、相互影响的能力。

（二）数字运算能力

数字运算能力是指运用数学工具，获取、采集、理解数字符号信息并对数字进行分析、解读和计算，以解决实际工作中问题的能力。

（三）改造创新能力

改造创新能力是指在前人发现或者发明的基础上，通过自身的努力，创造性地提出新的发现、发明或者改进革新方案的能力。

（四）自我提高能力

自我提高能力是指在学习和工作中归纳、总结，找出自己的强项和弱项，扬长避短，不断自我加以调整改进的能力。

（五）与人相助的能力

与人相助的能力是指在实际工作中，充分理解团队目标、组织结构、个人职责，在此基础上与他人相互协调配合、相互帮助的能力。

（六）解决问题的能力

解决问题的能力是指在工作中把理论、思想、方案、认识转化为操作或工作过程和行为，以最终解决实际问题、实现工作目标的能力。

（七）信息处理能力

信息处理能力是指运用计算机技术处理各种形式的信息资源的能力。

（八）外语应用能力

外语应用能力是指在工作和交往活动中实际运用外语的能力。

二、技能

技能是指经过学习和练习而培养形成的能力，如表达能力、阅读能力、人际交往能力等。悉尼·法恩（Sidney Fine）和理查德·博尔斯（Richard Bolles）将技能分为三种类型：知识技能、自我管理技能、可迁移技能（通用技能）。人们往往比较容易想到自己所具有的知识技能，但实际上后两种技能更为重要。后两种技能使人有可能在更广阔的范围内选择职业而不被所学的专业局限。它们对于个体在竞争中胜出具有关键性的作用，并能够使个体在工作中得到更长久的发展。用人单位对它们的重视程度，也往往超过对单纯知识技能的重视。

（一）知识技能

知识技能是指需要通过教育或者培训才能获得的特别的知识或能力，也就是个人所学的、所懂得的知识。它们常常与专业学习或工作内容直接相关，如是否掌握世界近现代史、计算机编程或者化学元素周期表等知识。知识技能一般用名词来表示。

知识技能是不可迁移的，它们是一些特殊的词汇、程序和学科内容，必须经过有意识的、专门的培训才能掌握。有些大学生因为不喜欢自己所学的专业，而找工作时又必须面对用人单位要求专业对口的苦恼，此时，更换专业似乎是唯一可行的方法。事实上，知识技能并非只有通过正式的专业教育才能获得，课外培训、专业会议、研讨会、资格认证考试等方式都可以帮助个体获得知识技能。

知识技能与能力有密切的关系。一方面，能力是在掌握知识的过程中显现和发展的，离开学习和训练，任何能力都不可能发展；另一方面，掌握知识又是以一定能力为前提的，能力是掌握知识的内在条件和可能性，制约着掌握知识的快慢、深浅、难易和巩固程度，但是能力和知识的发展并不是完全一致的。不同的人可能具有相等的知识，但他们的能力不一定是相等水平的。

（二）自我管理技能

自我管理技能涉及个体在不同的环境下是如何管理自己的，是勇于开拓创新还是循规蹈矩，是认真还是敷衍了事，能否在压力下保持镇定，是否对工作有热情，是否有自信等。它常常被看作是个性品质而非技能。自我管理技能被用来描述或说明人具有的某些特征。

自我管理技能一般以形容词的形式出现，见表2-7。

表2-7　自我管理技能词汇表

形容词	形容词	形容词	形容词	形容词	形容词
勤学的	博学的	警戒的	警惕的	警觉的	精确的
准确的	正确的	活跃的	活泼的	逻辑的	批判的
适合的	灵活的	适应的	感谢的	精通的	娴熟的
内行的	熟练的	胆大的	勇敢的	冒险的	优美的
好斗的	随和的	放松的	随意的	强调的	坚持的
健壮的	强壮的	留心的	雄辩的	漂亮的	英俊的
感动的	平衡的	公平的	公正的	同情的	理解的
宽容的	开明的	着重的	强调的	有力的	勤勉的
进取的	冒险的	努力的	正直的	直率的	坦率的
真诚的	热烈的	幽默的	善良的	忠诚的	拘谨的

自我管理技能也被称为"适应性技能"，因为良好的自我管理技能能够帮助个体更好地适应周围的环境、应对工作中出现的问题。工作的态度甚至比工作的技能更重要。自我管理技能是成功所需要的品质，是个人最有价值的资产。对于大学生来说，在校期间培养良好的自我管理技能显得尤为重要。因为大学生通常从小受到父母、老师的呵护，在处理工作问题和人际关系上往往显得不成熟、以自我为中心，不能很好地适应用人单位的工作要求。自我管理技能无论是一个人先天具有的还是后天习得的，都需要练习。它们可以从非工作（生活）领域迁移转换到工作领域。也就是说，这些技能并不是通过专门的课程学到的，而是在日常生活中随时随地培养出来的。

（三）可迁移技能

可迁移技能是指在某一种环境中获得的，并可以有效地移用到其他不同的环境中去的技能，是个人能够持续运用和依靠的技能。例如，某人从事保险推销员工作时练就了善于同他人沟通交往的技巧，在担任公司的销售经理时，也极有可能用这些技巧去同客户打交道，从而建立良好的关系。可迁移技能主要在日常生活中获得并不断得到提升，且可以在许多领域里得到进一步的完善和增强。所有的大学生都可以通过正式教学活动或其他活动来发展这些技能。

总体上看，可迁移技能具有可迁移性、普遍性和实用性，除了包括前面介绍的八种职业核心能力外，还包括组织策划能力、学习能力和管理能力。

组织策划能力是指计划、决策、指挥、协调、交往的能力。学习能力是指善于发现并记录，坚持不懈、克服困难、继续学习的能力。管理能力是指管理自己、信息、他人和任务的能力。

在招聘过程中，专业知识技能绝对不是用人单位唯一重视的。当前的状况是知识技能的重要性被夸大，许多大学生投身于各种各样的考证队伍中，以获得一大堆的证书来"充实"自己的简历。他们往往忽视了自我管理技能和可迁移技能的培养。从用人单位对大学生的反馈中可以看出，大学生通常不乏知识技能，但常常缺少敬业精神、沟通能力等自我管理技能和可迁移技能。因此，大学生在校期间，一定要在学好专业知识的基础上，加强对自我管理技能和可迁移技能的培养。

案例分析

李凯军是一汽集团钳工班班长，在模具钳工岗位上一干就是20多年。他凭借对工作近乎痴迷的热爱，不仅在单位无人不晓，而且蜚声行业内外，成为技术工人的杰出代表。李凯军对工作精益求精，经他的手生产出来的模具都有较高的水准。

李凯军说过："我的工作目标是什么？是追求极致，在我的脑海里没有最好，只有更好。""钳工80%以上是靠手工来实现的。一是要手稳，二是要有足够的体能。就是你一出手，你干那个东西，就跟别人不一样。"

一天，一位加拿大客商找到一汽，要定制一套22吨的汽车油底壳模具，并说这是他们在中国寻找的最后一家模具制造厂，如果达不到要求，就放弃在中国生产。李凯军知道后，一下就激起了斗志。他领着徒弟们起早贪黑干了四个月，仅抛光这一道工序就用了30天。交货的前一天下午，检测发现，两个模具合拢不平行，误差达到0.16毫米。有人说这么大的模具，1000多个零部件的组合，这点误差很正常。但李凯军硬是坚持寻找错误点，他一边拆一边排查，最后找出一个模块，有肉眼无法看到的凸起面，他一点一点地打平、抛光，终于在规定的时间内完成了任务。李凯军做的模具平面度达到了0.02毫米误差范围以内，加拿大客商当即追加了800万元订单。

如今，李凯军团队制造的汽车发动机缸体模具已经达到世界一流水平。

（资料来源：佚名. 大国工匠｜李凯军：金属上打磨自己的"别样人生" [EB/OL].（2020-05-05）
[2022-07-05].https://baijiahao.baidu.com/s?id=1665833523344208356&wfr=spider&for=pc.）

思考：李凯军为何能在金属上打造"别样的人生"？

○做一做○

我 的 成 就

请写下生活中有成就感的具体事件名称，并对这些事件进行分析，看看其中使用了哪些可迁移技能。回忆并尽可能写出细节，包括时间、地点，做了什么事情，取得了什么成就，遇到了什么困难，当时的心理活动，使用了哪些技能等。

1）我取得成就的事件：

_____

_____

_____

_____

2）我所喜爱使用并且擅长的技能：

_____

_____

_____

_____

拓展阅读

能力与职业适宜性

事业成功不仅与个人特质、技能、态度、人际关系等因素有关，还与一个人的专业能力密切相关。专业能力强的人更容易成功。

选择职业时应遵循以下三个标准：

一是能力类型与职业相匹配。不同的人有不同的才能，由于工作性质、内容不同，职业也不同，这也对人的能力提出了不同的要求。

二是能力水平与职业等级一致。由于职责不同，一种职业或者职业类型可以分为不同的等级。不同等级的职业对人的能力有不同的要求。所以在根据能力确定职业类型之后，还需要根据能力水平确定相应的职业等级。

三是充分发挥优势能力。每个人的能力发展并不平衡，往往在某些方面表现突出。因此，在选择职业时，首先要考虑自己的优势能力，选择最有利于发展自己优势能力的职业。

除了一般能力，职业也需要特殊能力。一般能力类型与职业适宜性对照表和特殊能力与职业适宜性对照表分别如表2-8和表2-9所示。

表2-8　一般职业能力类型与职业适宜性对照表

一般能力	特点	适宜的职业类型
操作型能力	以操作能力为主，是运用专业知识或经验，掌握特定技术或工艺，并形成相应的职业技能与技巧的能力	打字、驾驶汽车、种植、操纵机床、控制仪表等
艺术型能力	以想象力为核心，是运用艺术手段来表现现实生活和塑造某种艺术形象的能力	写作、绘画、演艺、美工等
教育型能力	是运用各种教育手段传授知识和思想或组织教育者进行知识与态度学习的能力	教育、宣传、思想政治工作等
科研型能力	以创造性思维为核心，是通过实验研究、社会调查和资料检索等手段进行新的综合、发明与发现的能力	技术革新与发明、理论研究等
服务型能力	以敏锐的社会知觉能力和人际关系的协调能力为主，是借助人际交往或直接沟通使客户获得心理满足的能力	商业、旅游业、服务业等
经营型或管理型能力	以决策能力为主，是能够广泛地获得信息，并以此独立地做出应变、决策或形成谋略的能力	经理、厂长等管理领域及各行业负责人
社交型能力	以人际关系协调能力为核心，是深谙人情世故，能够掌握人际吸引规律，善于周旋、协调，且能够使对方合作的能力	联络、洽谈、调解、采购等

表2-9　特殊能力与职业适宜性对照表

特殊能力	特点	适宜的职业类型
语言表达能力	对词的理解和使用能力，对词、句子、段落、篇章的理解能力，以及善于清楚而准确地表达自己的观点和向别人介绍信息的能力，包括语言文字的理解能力和口头表达能力	教师、营业员、服务员、护士等
算术能力	迅速而准确地运算的能力	会计、出纳、统计、建筑师、药剂师等
空间判断能力	能看懂几何图形、识别物体在空间运动中的联系，解决几何问题的能力	医生、裁缝、电工、木工、无线电修理工、机床工等
形态知觉能力	对物体或图像的有关细节的知觉能力，如对图形的明暗、线的宽度和长度做出视觉的区别和比较，能看出其细微的差异	生物学家、建筑师、测量员、制图员、农业技术员、动植物技术员、兽医、药剂师、画家等
事务能力	对文字或表格式材料细节的知觉能力，发现错字或正确地校对数字的能力	设计人员、出纳、会计、文秘等
动作协调能力	迅速、准确和协调地做出精确的动作及运动反应的能力	驾驶员、飞行员、运动员、舞蹈家等
手指灵巧度	手指迅速、准确、和谐地操作小物体的能力	外科医生、雕刻家、画家、纺织工等
手腕灵活度	手腕灵巧而迅速活动的能力	运动员、舞蹈家、画家等

第四节　分析职业价值观

生涯故事

　　一个商人坐在海边一个小渔村的码头上，看到一个渔夫划着一艘小船靠岸。小船上有好几条大黄鳍鲔鱼，商人问渔夫要花多少时间才能抓这么多鱼，渔夫说一会儿工夫就抓到了。商人接着问道："你为什么不待久一点儿，好多抓些鱼？"渔夫觉得不以为然："这些鱼已经足够一家人生活所需了。"

　　商人又问："那你一天剩下那么多时间都在干什么？"渔夫解释说："我每天睡到自然醒，出海抓几条鱼，回来后跟孩子们玩一玩，再一起睡个午觉，黄昏时晃到村子里喝点小酒，跟哥们儿玩玩吉他，我的日子过得可充实又忙碌呢。"

　　商人不以为然，帮忙出主意，说："我是知名大学的企业管理硕士，可以给你提个建议。你应该每天多花一些时间去抓鱼，到时候就有钱去买一条大一点儿的船，再买更多渔船。然后你就可以拥有一个渔船队，可以开一家自己的罐头工厂。如此你就可以控制整个生产、加工处理和行销，然后可以离开这个小渔村，搬到大城市在那里经营，不断壮大自己的企业。"

　　渔夫问："这要花多少时间呢？"

　　商人回答："十五年到二十年。"

　　渔夫问："然后呢？"

　　商人大笑着说："时机一到，你就可以宣布股票上市，把公司的股份卖给投资大众。到时候你就发财啦。"

　　渔夫又问："然后呢？"

　　商人说："到那个时候你就可以退休了。可以搬到海边的小渔村去住。每天睡到自然醒，出海随便抓几条鱼，跟孩子们玩一玩，再一起睡午觉，黄昏时，晃到村子里喝点小酒，跟哥们儿玩玩吉他。"

　　渔夫疑惑地说："我现在不就是这样了吗？"

　　思考：读完这个故事，你有什么样的感受？有人觉得渔夫没有志向，只满足于当前的享受；而有人则认为商人是多管闲事，多此一举，渔夫现在的生活就很好。你觉得呢？

马上行动

　　什么是你认为重要和宝贵的？这个问题的答案会一成不变吗？下面来做一份调查，看看你会怎么回答，将你的答案填入表 2-10 中。

表 2-10　不同阶段最看重的事情

不同的人生阶段	最看重的事情
还没上学时	
上小学时	

续表

不同的人生阶段	最看重的事情
上初中时	
上大学时	
参加工作后	
成家后	
为人父母后	
年老后	
现在	

核心知识

一、价值观

价值观是人们在生活和工作中所看重的原则、标准，不同的价值观会产生不同的行为。价值观具有下列特性。

1）价值观因人而异。个体先天条件和后天环境不同，导致人生经历也大不相同，每个人的价值观在形成的过程中都会受到不同因素的影响，因此，每个人都有自己独特的价值观和价值观体系。在同样的客观条件下，具有不同价值观和价值观体系的人，会有不同的动机模式，从而产生不同的行为。

2）价值观相对稳定。价值观是人们思想认识的深层基础，是世界观和人生观的基础。它会随着人们认知能力的发展，在环境、教育的影响下，逐步培养形成。价值观一旦形成，便相对稳定，具有持久性。

3）价值观在特定的环境下可以改变。环境的改变、经验的积累、知识的增长都可能导致价值观发生变化。

二、职业价值观概述

职业价值观生涯大师休珀（Super）认为，职业价值观是个人追求的与工作有关的目标，即个人的内在需求及在从事活动时所追求的工作性质或属性。国内的专家黄希等认为，人们对社会职业的需求表现出来的评价就是职业价值观，是人的价值在职业问题上的反映。

职业价值观有内在和外在两种。内在职业价值观是指个体的工作内容以及如何作用于社会；外在职业价值观是指外在因素，如薪酬、工作地点及环境。价值观是后天习得的。一般来说，一个人的价值观一旦形成，就会在较长的时间内发挥其导向和动力作用。不同的时代、不同的制度环境下，人们会有不同的职业价值观。即使在相同的时代，也会因各自的成长环境、家庭背景、受教育程度、性别、个性追求等差异而各不相同。例如，对于什么是好工作，有些人认为工作有挑战性、发展潜力大、公司名气大和薪水高就是好工作，而有些人认为工作稳定、工作环境好、人际关系融洽才是好工作。

一个人看重什么价值，这是一个比较难以确切回答的问题。在选择工作时，有的人追求优厚的收入和福利待遇，有的人喜欢工作环境轻松愉快，有的人则把能否充分发挥自己的才能视为择业的第一标准。人在按照自己的价值观生活时，就会有很大的满足感。对自己的价值观有非常清楚的认知的人，在进行职业生涯规划时就很容易做出决策。因此，澄清个体的价值观是进行职业生涯规划的重要组成部分。

俗话说："人各有志。"这个"志"在职业选择上的表现就是职业价值观，它是一种具有明确的目的性、自觉性和坚定性的职业选择的态度和行为，对一个人的职业目标和择业动机起着决定性的作用。

三、职业价值观的类型

美国心理学家米尔顿·罗克奇（Milton Rokeach）在《人类价值观的本质》一书中，提出了成就感、美感、挑战、健康、收入与财富、独立性、爱（家庭）和人际关系、道德感、欢乐、权力、安全感、自我成长、协助他人等 13 种职业价值观，如表 2-11 所示。

表 2-11 罗克奇的 13 种职业价值观类型及其基本含义

类型	基本含义
成就感	获得他人认同，对完成任务和成功挑战感到满足
美感	希望能够有机会欣赏到美的事物，并以发现美作为目标
挑战	渴望能够发挥聪明才智，创造性地解决问题
健康	期盼个人及其认为重要的人能够在身体、心理方面保持正常状态
收入与财富	能够控制自己的收入和支出水平，做到财务自由
独立性	能够自由掌控时间、精力、金钱等，拒绝依赖
爱（家庭）和人际关系	能够具备施爱与被爱的能力，可以从和谐的家庭和人际关系中寻找到支持和意义
道德感	实现内心原则与道德法则的统一，修己安人
欢乐	能够在生涯发展的过程中充分享受各种人、事、物带来的乐趣
权力	渴望影响或控制他人，使其按照自己的目的行事
安全感	崇尚平静生活，讨厌变动和不确定性
自我成长	追求更加丰富和富有意义的人生，希望增加生命厚度
协助他人	希望能以一己之力，对他人和组织发展有所贡献

借鉴罗克奇的观点，许多人对职业价值观的分类问题进行了研究。我国学者阚雅玲教授于 2003 年将职业价值观分成如下 12 类。

1. 收入与财富

工作能够明显、有效地改变自己的财务状况，薪酬就是选择工作的重要依据。工作的目的或动力主要来源于对收入和财富的追求，并以此改善生活质量，显示自己的身份以及地位。

2. 兴趣特长

选择职业最重要的因素是自己的兴趣和特长，能够扬长避短、趋利避害、爱我所选，就可以从工作中得到乐趣以及获得很大的成就感。

3. 权力地位

有着较高的权力欲望时，希望能够影响或控制他人，使他人照着自己的意思行事，认为有较高的权力地位会受到他人尊重，可以从中得到较强的成就感和满足感。

4. 自由独立

在工作中能有弹性，不想受太多的约束，可以充分掌握自己的时间和行动，自由度高，不想与太多人发生工作关系，既不想治人，也不想治于人。

5. 自我成长

工作能够给予培训和锻炼的机会，使自己的经验与阅历能够在一定的时间内得以丰富和提高。

6. 自我实现

工作能够提供平台和机会，使自己的专业知识和能力得到全面运用和施展，实现自身价值。

7. 人际关系

将工作单位的人际关系看得非常重要，渴望能够在一个和谐、友好甚至被关爱的环境中工作。

8. 身心健康

工作能够免于危险、过度劳累，免于焦虑、紧张和恐惧，使自己的身心健康不受影响。

9. 环境舒适

工作环境舒适宜人。

10. 工作稳定

工作相对稳定，不必担心经常出现裁员和辞退现象，免于经常奔波找工作。

11. 社会需要

能够根据组织和社会的需要响应某一号召，为集体和社会做出贡献。

12. 追求新意

希望工作的内容经常变换，使工作和生活丰富多彩，不单调枯燥。

四、价值观的澄清

价值观无论在人生还是职业发展中都起着极其重要的作用，它的影响力之大甚至超过了兴趣、性格等。每个人都有属于自己的独特价值观，生活中重要的他人（如父母、同学、师长等）的价值观也会给自己带来影响，因此应该考虑他们给自己的生活和职业发展带来哪些影响，并适时做出调整。同时，也要认识到，很少有工作能够完全满足一个人所有的重要价值观。因此，必须对自己的价值观进行排序，学会取舍。

在价值观探索活动中，可能会发现对价值的排序和取舍是困难的，甚至做完了排序和取舍，仍然不清楚自己想要什么，这是正常的，因为毕业生还处在建立和形成个人价值观的生涯探索期。对自己的职业和生活进行不断的思考和探索非常重要，价值观的澄清也不是一劳永逸的过程，要在今后的生活中不断反思。

（一）价值观与理想、欲望及偏好的区别

理想是一种仅存在于概念中的完美典范，不存在于现实环境中。理想主义者总是努力地追求个人理想，不平凡的人多属于此类。理想让人们憧憬未来，让人们愿意奋力追求。应当善用个人理想，朝完美的人生迈进。但如果一味地漠视现实，凡事均与理想做比较，那么理想将成为阻力，而非助力。欲望是指想得到某种东西或想达到某种目的的要求。偏好是指对某种事物特别爱好。某些价值观也许仅是个人的欲望及偏好。例如，将冒险视为个人价值观之一。冒险应称不上理想，而仅是想要做的事，或希望它成为职业生涯的一部分。

价值观是人们奉为圭臬、愿意矢志信守的东西，它们往往适用于生活的所有层面。例如，诚信这个价值观不仅在工作中非常重要，在人生的其他方面也不可缺少。然而，某些人生中极为重要的价值观，却不见得适用于职场。因此，有必要将价值观分为与职业有关的价值观和与职业无关的价值观，即职业价值观和生活价值观。职业价值观有时会与生活价值观背道而驰。例如，有的人在职场也许保持高度的竞争，总是想要胜出、拔得头筹，然而，回到家中却十分温柔，与家人其乐融融。

（二）价值观与职业发展

20 世纪 50 年代开始，唐纳德 •E. 休珀（Donald E. Super）、马丁 •卡茨（Martin Katz）及其他心理学家开始着重研究价值观在职业生涯选择中的作用，结果发现，价值观的确是影响职业生涯决策的因素之一，且价值观与工作满意度息息相关，人们在工作和生活时，假如遵循自己的价值观，就会获得满满的幸福感和崇高的自尊。

20 世纪 60 年代末，马丁 •卡茨投入许多精力研究了约 250 种职业，找出了 10 种与职业有关的价值观（表 2-12），它们能够帮助一个人在从事某种职业过程中得到满足和回报。

表 2-12　10 种与职业有关的价值观

价值观	特点
高收入	满足日常生活开支外，还有可以随意支配的金钱
有社会声望	受到多数人的尊重
独立自主	在职业中有更多的自己做决定的自由
帮助别人	把助人作为职业的重要组成部分，帮他人改善各种状况，如健康、教育与福利等
有稳定性	一定时间内持续工作，不会轻易被解雇，并且收入稳定
有多样性	所从事的工作需要参与不同的活动，解决各种不同的问题，不断改变工作场所，与不同的人接触
有领导力	在工作中能够控制事情的发展，希望影响别人，并愿意承担责任
自己感兴趣	所从事的职业必须在自己感兴趣的领域内
不影响休闲	认为休闲非常重要，工作不应影响到个人休息
尽早开始工作	早日进入工作阶段，缩减受教育预备期的费用与时间

　　职业价值观经常与某种职业紧密联系，是职业和个体之间进行匹配的基础。例如，如果自己觉得做志愿服务很有意义，那么那些具备志愿服务特征的工作，如社会学者、社会工作者、福利机构工作者、导游、咨询人员、社会科学教师、护士等就是未来从事职业考虑的方向；如果自己愿意帮助别人并且觉得这样的人生更有意义，那么可以考虑经营服务方向的工作；如果对冒险感兴趣，那么可以选择充满挑战的职业。认真分析自己的职业价值观，对开展职业生涯规划有重要意义。如果十分清楚自己的职业价值观，知道什么对自己来说是最重要的，职业生涯目标就会变得十分清晰。

　　（三）职业锚理论

　　职业兴趣决定了一个人最喜欢的职业，而价值观则决定了其会重视什么。在职业价值观上，美国著名职业心理学家埃德加·H. 沙因（Edgar H. Schein）教授提出职业锚理论，也称职业定位理论。施恩认为，职业设计是一个持续不断的探索过程，一个人对自己越来越了解，那么他就会越来越明显地形成一个占主要地位的职业锚。这个所谓的职业锚是指当一个人不得不做出选择时，不管发生什么都不会放弃职业中至关重要的东西或价值观，即人们在选择和发展自己的职业时所围绕的中心。

　　经过几十年的发展，职业锚（职业定位）已经成为职业发展、职业设计的必选工具。国外许多大公司将职业锚作为员工职业发展、职业生涯规划的重要参考。施恩教授根据自己对麻省理工学院毕业生的研究，确定了八种基本的职业锚类型。

　　1. 技术/职能型

　　技术/职能型的人追求在技术/职能领域的成长和技能的不断提高，以及应用这种技术/职能的机会。他们对自己的认可来自专业水平，喜欢来自专业领域的挑战。他们不喜欢从事一般的管理工作，因为这将意味着他们放弃在技术/职能领域的成就。

2. 管理型

管理型的人追求并致力于工作晋升，倾心于全面管理，独自负责一个部分，可以跨部门整合其他人的努力成果，他们想只承担整体的责任，并将公司的成功与否看成自己的工作。具体的技术/职能工作仅仅被看作是通往更高、更全面管理层的必经之路。

3. 创业型

创业型的人希望用自己的能力去创建属于自己的公司或创建完全属于自己的产品（或服务），愿意去冒风险并克服障碍。他们想向世界证明公司是他们靠自己的努力创建的。他们可能正在别人的公司工作，但同时他们在不断学习，并评估将来的机会，一旦他们感觉时机到了，便会去创建属于自己的事业。

4. 独立/自主型

独立/自主型的人希望随心所欲地安排自己的工作方式、工作习惯和生活方式。追求能施展个人能力的工作环境，最大限度地摆脱组织的限制和制约。他们宁愿放弃提升或工作发展机会，也不愿意放弃自由与独立。

5. 安全/稳定型

安全/稳定型的人追求工作中的安全与稳定感，可以预测将来的成功能让他们感到放松。他们关心财务安全，如退休金和退休计划。稳定感还包括诚实、忠诚及完成领导交代的工作。虽然有时他们可以位居一个高的职位，但他们并不关心具体的职位和具体的工作内容。

6. 服务型

服务型的人一直追求他们认可的核心价值。例如，帮助他人，改善人们的环境，通过新的产品消除疾病等。他们一直追寻这种机会，即使变换公司，也要寻找那些能够允许他们实现这种价值的工作变换和工作提升。

7. 挑战型

挑战型的人喜欢解决看上去无法解决的难题，战胜强硬的对手，克服无法克服的困难障碍等。对他们而言，参加工作的原因是能够战胜各种不可能。新奇、变化和困难是他们的终极目标。如果事情非常容易，他们会觉得很厌烦。

8. 生活型

生活型的人希望将生活的各个主要方面整合为一个整体，喜欢平衡个人、家庭、职业的需要，因此，他们需要一个足够弹性的工作环境来实现这一目标。生活型的人甚至可以牺牲他们职业的一些方面。相对于具体的工作环境、工作内容，生活型的人更关注自己如何生活、在哪里居住、如何处理家庭事业及怎样提升自己等。

正如许多分类一样，以上的分类也没有好坏之分，只是帮助人们更好地认识自己，并据此重新思考自己的职业生涯，设定切实可行的目标。职业锚由一个人的所有工作经历、兴趣、资质、性向等集合而成。在人生的进程中，梳理自己的职业经历，明确自己的职业定位，可以少走弯路，更快取得成功。

案 例 分 析

2016 年 4 月 28 日，第十三届中国慈善榜于北京发布，有"中国互联网公益教父""互联网公益第一人"之称的陈一丹以 2.92 亿元的捐赠金额居榜单首位，成为新一届中国首善，他的善举赢得众人的称赞。

1998 年，陈一丹和马化腾等年轻人创立了腾讯公司。2013 年，陈一丹辞去腾讯首席行政官的工作，一心投入公益、教育和文化行业，并成立了陈一丹公益慈善基金会。

因为看重知识产权的保护，2006 年，陈一丹联合知名传媒企业和高科技明星企业共同成立深圳市版权协会，推动深圳的版权发展和保护。

因为看重教育，2009 年，陈一丹先后斥巨资创办民办本科高校武汉学院，专注于打造"最受尊敬的民办职校"；2012 年，为家乡汕头的田心中学建造教学楼并捐赠配套设施；2013 年，以其发起的腾讯慈善公益与深圳市福田区政府合作创办了深圳明德实验学校；2016 年，捐赠 25 亿港元设立全球最大规模的教育奖项"一丹奖"。

因为看重文化的传承，2012 年，陈一丹资助了一批代表苗族文化的非物质文化遗产的保护和宣传项目；2013 年，创立腾讯传统文化频道，以复兴文化信仰、弘扬和传播中华优秀传统文化为己任。

马化腾评价这位热衷于公益的老同学道："他为公司的价值观、文化建设、职能体系和公益慈善事业的付出是独一无二的……他同时也是诚信、友善、关爱和信任的同义词。作为他的同学和工作伙伴，我对他的敬佩无法用语言来表达。"

思考：你是如何看待陈一丹的职业价值观的？

○做一做○

职业定位梳理

为了更好地明确自己的职业定位，可以拿出一张纸，仔细思考以下问题，并将要点记录在纸上。

1）上学时期，你主要在哪些方面投入了巨大的精力？你的课外时间主要用于学习哪方面的知识？

_____

_____

_____

_____

2）假如给你 100 万元的年薪，且不会遭遇失败，你愿意做什么工作？

_____

_____

_____

3）你开始工作时的长期目标是什么？你最喜欢（或最不喜欢）哪种学习和工作方式？你认为应如何实现自己的价值？

_____

_____

_____

_____

拓展阅读

关于价值观的不同理论

理论界对于价值观的类型有着不同的观点。有一种理论将价值观分为六个不同的类型：经济价值观、审美价值观、理论价值观、宗教价值观、政治价值观和社会价值观。有人关注权力的获得，有人关注如何帮助他人，有人关注如何为世界创造美，如甘地带领印度人民走向独立，诺贝尔和平奖获得者特蕾莎修女创立了20世纪世界最大的慈善机构，这一举动帮助了无数人脱离危难。

马斯洛（Maslow）提出了需要层次理论，把人类的需求分成五个层次，即生理需要、安全需要、爱与归属需要、尊重需要、自我实现需要。这五种需求具有强大的驱动力，体现在人们的生活中，形成了各自的价值观。

赫茨伯格（Herzberg）提出激励理论，即员工对工作的满意度取决于内部与外部激励因素之间的平衡。外部激励因素主要包括工资、公司政策、工作条件和晋升机会等，可以用来满足生理需求和安全需求；内部激励因素主要包括所完成的工作类型、承担责任的大小、得到的认可和取得的成就等。该理论认为，针对不同价值追求的员工，要根据实际情况给予不同的激励。

第三章 探索职业世界，制定人生目标

第一节 打开视野，探索职业世界

📚 生涯故事

在"印象机器人"餐厅，有位机器人服务员正在为客人送餐。这个机器人身高 1.3 米，体重 10 多公斤，由一个 U 盘大小的摄像头脑袋、铝合金的躯干和四肢以及由 6 个轮子驱动的铁板组成的脚板构成。

每当要上菜时，服务员就在它的左手托盘上放菜碟，并在后台的计算机控制软件中输入餐桌桌号。之后机器人从厨房通道口出发，独自不慌不忙地移到餐桌前，抬起右臂，四个活动关节发出"嘎吱嘎吱"的声音，用充当右手的夹子夹起菜碟，轻轻放在餐桌上。

"请慢用。"机器人还能发出温柔的女声。客人很好奇机器人的言行，不知道它的服务态度如何，便把菜碟重新放在它的托盘上。机器人停顿了一下，又抬"手"重新把菜碟放回餐桌上。当客人再次把菜碟放回托盘时，没想到它居然转身离开了。

机器人的制造者刘熙旺说："我设计的时候，就设定每桌只能同时送两次食物。这个机器人耗电很快，送一次菜要耗时 5 分钟，送 5 次就用完电了。所以必须控制它端菜的次数。"这时，机器人拐弯重新回到了厨房通道口，发出"请换电池"的声音，原来机器人刚好需要充电了。服务员接上电源，它便安安静静地"休息"，充电半小时。

刘熙旺说："我之前有个疯狂的想法，想开一家餐厅，端菜的、拖地的、迎宾的全部都是机器人，人工服务全部由机器人代替。"制造第一台机器人花了他一年的业余时间。"现在现实点，一步步来。"刘熙旺承认，当前这台机器人还存在很多的局限性，如功能单一，外观不完善，而且它还会出故障，有时夹不稳菜碟就直接摔地上了。"困难要一个个克服，这一个机器人不够好，我就设计第二个更完善的，总之我要坚持我的梦想。"

（资料来源：佚名. 广州首家机器人服务员餐厅开业 会说会闹任拍照[EB/OL].（2013-02-22）[2022-07-05].
http://politics.people.com.cn/n/2013/0222/c70731-20567028.html.）

思考：你会大胆地实现你的梦想吗？

📖 马上行动

假如你现在乘坐时光隧道来到十年之后，在同学聚会当中，如果要给在座的同学递一张名片，你最希望这张名片上的职位和称呼是什么？你希望以怎样的身份面对这些同学？

核心知识

一、专业与职业的关系

（一）专业与职业的联系

专业与职业一般是对应关系，但这并不代表学习某专业就必须从事对应的职业。专业是高等学校或中等专业学校所分的学业门类，是产业部门的各业务部分，也是一种物质或某种作业的作用范围；职业是个人所从事的服务于社会并作为主要生活来源的工作。专业与职业之间互相包含，在职业中有各专业对应的岗位，在专业中学习的知识也能为对应职业提供专业知识。如果个人的职业发展在所学专业的领域中，专业与职业是对应的，所学知识往往能够对工作有一定的帮助。

（二）专业与职业的区别

专业与职业的区别在于它们涵盖的知识和技能不同。专业需要接受长时间的专业化训练，一般以是否接受过高等教育为标志，而职业主要是以一定的专业知识技能为背景，反映个人在工作岗位上的积累。专业与职业相比，要更多地提供一种独特、明确、必要的社会服务与奉献，而普通职业的从业人员仅仅把工作当作是一种谋生的手段。职业更多地体现为工匠式的特点，一旦掌握，即可不断重复，无须创新，而专业的一个重要特点就在于需要不断进修，并做出创新。

专业与职业的五种关系见表 3-1。

表 3-1　专业与职业的五种关系

关系	基本解释	专业技能重要性	特点	建议
专业包含职业	在专业的领域内发展职业，一生的职业发展基本上限制在专业领域内	本专业的专业技能在职业发展中的重要性超过80%	选择的职业与所修专业高度一致	学好专业
专业为核心	以专业为核心发展职业，一生的职业发展以专业为核心，有较大拓展	本专业的专业技能在职业发展中的重要性超过60%	选择的职业与所修的专业较一致，但职业发展明显超越专业领域	学好专业，选修与职业发展一致的课程
专业与职业部分重合	以专业为基础发展职业，一生的职业发展是在专业基础上，有重点地沿着某些方向发展	本专业的专业技能在职业发展中的重要性超过40%	选择的职业与所修专业部分一致，在重点掌握所修专业某些技能的同时，注重其他专业技能的学习	学好专业，辅修其他喜欢的专业
专业与职业相切	一生的职业发展与专业基本无关，或在专业边缘发展职业	本专业的专业技能在职业发展中的重要性在10%~20%	选择的职业与所修专业基本不一致	保证专业合格，辅修其他适合的专业，若有可能，则可做专业调整
专业与职业分离	一生的职业发展与专业完全无关	本专业的专业技能在职业发展中的重要性小于10%	选择的职业与所修专业很不相符	尽量调整专业，若不能，则辅修其他专业

二、职业分类

2015 年版《中华人民共和国职业分类大典》（以下简称《职业分类大典》）将我国职业归为 8 个大类、75 个中类、434 个小类、1481 个细类（职业）（自《职业分类大典》颁布以后，每年都要出增补版本，增补新增加的职业类型）。8 个大类分别如下。

第一大类：党的机关、国家机关、群众团体和社会组织、企事业单位负责人，其中包括 6 个中类、15 个小类、23 个细类。

第二大类：专业技术人员，其中包括 11 个中类、120 个小类、451 个细类。

第三大类：办事人员和有关人员，其中包括 3 个中类、9 个小类、25 个细类。

第四大类：社会生产服务和生活服务人员，其中包括 15 个中类、93 个小类、278 个细类。

第五大类：农、林、牧、渔业生产及辅助人员，其中包括 6 个中类、24 个小类、52 个细类。

第六大类：生产制造及有关人员，其中包括 32 个中类、171 个小类、650 个细类。

第七大类：军人，其中包括 1 个中类、1 个小类、1 个细类。

第八大类：不便分类的其他从业人员，其中包括 1 个中类、1 个小类、1 个细类。

自 2015 年版《职业分类大典》颁布以来又新增了两批新职业。第二批新职业是 2020 年发布的，包括智能制造工程技术人员、工业互联网工程技术人员、虚拟现实工程技术人员、连锁经营管理师、供应链管理师、网约配送员、人工智能训练师、电气电子产品环保检测员、全媒体运营师、健康照护师、呼吸治疗师、出生缺陷防控咨询师、康复辅助技术咨询师、无人机装调检修工、铁路综合维修工和装配式建筑施工员。

三、职业发展的趋势

职业发展到今天，进入了一个新的时期和新的阶段。新知识、新技术层出不穷，相应的产业结构也在不断地加快调整和升级，职业也因此表现出一些新的发展趋势。

（一）面向第三产业类的职业、与高新技术有关职业加速发展

随着社会的高质量发展，以服务为主的第三产业类职业将得到高速发展，在产业结构中的比重将会越来越重。根据统计，2021 年，我国第三产业增加值占国内生产总值（gross domestic product，GDP）的 53.31%，我国第三产业的进步与发展空间非常大，相应的职业必将呈现出一种新的发展趋势，发展规模也将会越来越大。

伴随着科学技术的突飞猛进，高新技术产业、高效益产业、轻型产业、洁净型产业的比重越来越大，大量新技术、新工艺、新设备运用到各产业领域，这也必将带动相关职业得到突飞猛进的发展。

（二）职业的综合化、智能化、专业化程度越来越高

从职业的专业化程度方面来说，职业中的知识层面越来越丰富、技术含量越来越高。现代教育之所以要普及，是因为要与生产劳动相结合，人的平均受教育年限逐步增加，

就是因为职业对新的知识、技术要求越来越高；而高新技术产业的相关职业更是离不开强大的智力、技术、人才支持。而且，一个职业所需要的知识、技术已经不再仅仅局限于单一范围，而是越来越丰富和复杂，需要从业者具备综合职业能力。

（三）传统职业萎缩，新的职业不断涌现

任何一个职业都要不断发展，如果不发展就会萎缩，甚至走向消亡，同时，新的职业也会不断涌现。在当前，职业的发展、变化及更替将更加迅速。现代生产的显著特点之一是市场竞争激烈，产品更新换代速度加快，这必将不断催生新的职业。

四、未来职业的特点

（一）职业的教育含量不断扩大

各种就业岗位，需要更多的受过高等教育、掌握最新技术的技术工人，单纯的体力劳动或机械操作职业将不断减少。

在发达国家，制造业中的蓝领工人比从事管理工作的白领员工失业率高；而白领员工中从事服务性工作（如银行、广告等）的失业率又比从事开发和研究工作的失业率高。未来白领、蓝领阶层的界线将越来越难以辨析，职业逐渐向专业化方向发展。

（二）职业要求不断更新

一些职业，由于新的工作设备和条件的变化，对其内容有了更高的要求。例如，对于行政工作人员，在以前仅仅要求具备较好的组织协调能力、分析问题和解决问题的能力、文字表达能力、口头表达能力等，但现在除要求具备上述能力以外，还要求具备基本的社会交往能力及计算机辅助管理、办公自动化操作能力等。

（三）永久性职业减少

仅有为数不多的人能拥有"永久性"的工作，而从事计时、计件或临时性职业的人会逐步增多。

案例分析

小强学的是数控技术专业，毕业后，小强的表哥让他在自己的计算机公司做经理助理，此外，还有一家数控机床企业为他提供了工作岗位。表哥的公司不仅工资高，而且可以沿着管理的方向发展，但小强知道自己不擅长处理复杂的人际关系，不适合从事管理工作，而且他正在学习数控技术，缺乏信息技术行业的知识背景。最后，小强选择去数控机床企业开数控车床，并决心成为一名高级技师。他认真工作，虚心请教，技术日益精湛。一日，一家企业急需加工一批零件，找了几家单位都不符合技术要求。在找到小强所在的企业后，小强主动请缨，通过反复测试找到规律，很快就生产出符合要求的产品，为企业赢得了声誉。经过几年的实践，小强已经成为企业为数不多的技术骨干之一。由于工作出色，小强几乎每年都被评为先进工作者，并荣获市"五一劳动奖章"和省"劳动模范"荣誉称号。小强参加全省工人技能大赛，以第一名的优异成绩获得"技术专家"称号，并获得高级技师资格证书，成为全省最年轻的高级技师。回首走过的路，小强庆幸当初的选择没有错。

思考：小强为什么放弃管理岗位，决定开数控车床？他的工作选择对其成为一名高级技师起了什么作用？

○做一做○

了解家族职业

了解职业可以从自己熟悉的人开始。尝试回答下面的问题。

1）你家族中从事职业最多的是：_____

2）你想要从事这种职业吗？为什么？_____

3）爸爸如何描述他的职业？爸爸平时会提到哪些职业？他是怎么说的？

_____

4）爸爸的描述对你的影响是：_____

5）妈妈如何描述她的职业？妈妈平时会提到哪些职业？她是怎么说的？

_____

6）妈妈的描述对你的影响是：_____

7）家族中还有谁对职业的描述让你印象深刻？他们是怎么说的？

_____

8）家族中的成员对彼此的职业是如何评价的？（例如，堂哥在医院当医生，不仅收入高，社会地位高，环境也好，但要求高。）

_____

9）他们认为自己的职业的未来发展趋势是：_____

10）他们认为从事该职业需要具备的条件有：

_____

11）你觉得家人对你未来选择职业的影响是：_____

12）哪些职业是你绝不考虑的？_____

13）哪些职业是你会考虑的？_____

14）选择职业时，你还重视哪些条件？_____

拓展阅读

未来劳动者的类型

据有关专家预测分析，21世纪主要需要如下四个类型的劳动者。

1. 智能型劳动者

智能型劳动者是指掌握相当专业知识，具有熟练工作技能，从事以知识和智力为基础工作的劳动者，如科学家、工程师、技师、医师、经理、艺术家、推销员、智能型工人及智能型农民等。智能型劳动者分布于各行各业。智能型劳动者与传统体力劳动者的区别在于，他们有较高的文化水平，有基本的理论知识和分析能力，有较熟练的动手操作技能，能够根据工作实际进行分析判断或思维决策，是体力和脑力互相结合、互相补充的新型劳动者。

2. 复合型劳动者

复合型劳动者是指拥有多种技能的劳动者。复合型技能不仅要求劳动者掌握多种通用技能、单项技能，而且要求劳动者掌握某类职业共同的专业理论，并能在这些专业理论的基础上，把已掌握的技能转移到新的职业岗位所需要的技能中去。

3. 社会型劳动者

社会型劳动者是指除了掌握相当的专业知识、具有熟练的工作技能外，还具备一定的组织能力、协调能力，以及人际交往、公共关系、职业道德、环境意识等社会活动能力的劳动者。传统的劳动者一般固定在某个工作岗位上，不断地重复相同的操作，与他人合作的要求不高。例如，一个好的车工只需埋头苦干，生产出优质的零件即可。现代社会使自然人转换为社会人，相互封闭、相互隔绝的劳动岗位将不复存在。在信息时代，人们随时随地都处在数字化、网络化、智能化的环境中，多种相互结合、相互支撑的岗位结构将作为具有社会型特征的岗位架构。在这种岗位架构下，个人的力量越来越渺小，更多的成果需要依靠集体的智慧。因此，要求劳动者具有从事职业活动所必须具备的社会活动能力。

4. 创业型劳动者

创业型劳动者是指既有创业意识和精神，又有相应创业能力的劳动者。由于我国人口众多，就业矛盾将长期存在，人们对就业岗位的竞争会更加激烈，自主创业不仅可以实现自我就业，还可以创造出更多的就业岗位。

第二节　分析职业环境，确定职业目标

生涯故事

学装潢设计的晓峰想毕业十年后自己创业。他规划中的阶段目标是，毕业时先到一家小装饰公司当助理，第三年到大公司做助理，第五年成为独当一面的装饰装潢设计师，再干上五年，就自己创业。为此，晓峰在学校第一年，除学好专业课外，还不断加强实践；在学校第二年，着重提高动手能力和技巧训练的强度；在学校第三年，全力提高装潢实战技巧。现在的晓峰已经在一家大型装饰公司当助理，他又在原来规划的基础上，适时修订了发展措施，依照计划坚实地一步步前行。

思考：晓峰在大学学习期间是如何打算的？他又是如何实现自己的目标的？

马上行动

　　在上节的"做一做"中，你已经了解了家族成员的职业，知道了你会考虑哪些职业、各职业需要具备哪些条件，现在试着分析你还需要在哪些方面努力才能匹配心仪的职位。

核心知识

一、分析职业环境

（一）职业环境分析的概念和意义

　　职业生涯是指一个人一生所有与职业相连的行为与活动，以及相关的态度、价值观、愿望等连续性经历的过程，也是一个人一生中职业、职位变迁及职业目标的实现过程。它是在一定的环境条件下进行的，并处于动态的变化之中，环境是职业生涯发展的约束条件。个人职业生涯发展的环境是指与个人职业生涯有潜在关系的所有外部力量。职业环境分析，就是要认清所选职业在社会大环境中的发展状况、技术含量、社会地位、未来发展趋势等，分析对职业生涯产生影响的各种客观因素，并从中找到制定个人职业生涯规划的理由和依据。通过职业环境分析可以弄清职业环境对职业发展的要求、影响及作用，对各种影响因素加以衡量、评估并做出反应。大学生既可以以各种不同的方式提高适应环境的能力，避免来自环境的威胁，又可以在变化的环境中寻找适合自己的新机会，或在一定条件下改变环境因素。

（二）职业环境分析的内容

　　职业环境分析的内容主要包括外部环境分析、内部环境分析以及 SWOT 分析三大部分。

1. 外部环境分析

　　外部环境分析包括宏观环境分析、职业环境分析以及竞争对手分析。在进行职业生涯规划时，必须全面、客观、正确地分析和了解自己所处的环境和将要面临的环境，即在"知己"的基础上还要"知彼"，方能"百战不殆"。

2. 内部环境分析

　　内部环境分析包括自身资源分析、能力分析以及核心能力分析。具体要了解自身在所处环境中的相对位置，分析自身性格、兴趣和想象力、个人信念、个人能力以及价值取向等。进行内部环境分析的目的是发现自身所具备的优点和缺点，以便在制定和实施职业生涯规划时扬长避短，有效利用自身的各种资源，发挥出核心竞争力。

3. SWOT 分析

SWOT 分析主要是通过分析企业内部条件的优势与劣势以及外部环境的机会与威胁，来制定未来发展策略的一种简便的工具。SWOT 分别代表优势（strength）、劣势（weakness）、机会（opportunity）、威胁（threat）。

二、确定职业目标

（一）确定职业目标的意义和注意事项

目标是激励人们取得成功的强大动力，雄心壮志是事业成功的基本前提。一个人事业的成败在很大程度上取决于其是否有明确的目标。没有野心就没有成功。没有目标，就像一只小船漂入大海，茫茫无际，没有方向，不知道要去哪里。只有设定目标，才能确定奋斗的方向。目标就像海上的灯塔，能够指引人远离迷途，走向成功。

职业目标可以分为长期目标、中期目标和短期目标。一般来说，5～10 年的目标可称为长期目标，根据长期目标的实现条件，可把它分成 2～3 年的中期目标，还可继续把它分成若干个短期目标（6 个月到 1 年），短期目标又可以进一步分解为几周目标和几日目标。

在确定职业目标时，要注意以下几个问题。

1）目标的确定应满足社会和组织的现实需要，符合社会主义核心价值观。

2）目标的确定应符合自身特点，立足自身优势。

3）志存高远，但不要不切实际。

4）目标的范围不能太广泛。

5）注重长期目标与短期目标的结合。

（二）目标的原则

在目标管理中，目标的设定是一个非常关键的环节，它应该遵循五个原则，即具体的、可衡量的、可实现的、相关联的和有时限的，取其每个英语单词的第一个字母，即"SMART"。这个原则也适用于职业目标的确定。

1. S——具体的（specific）

目标不能模糊，必须具体到清晰的目标。例如，"好好学习"这样的目标过于模糊。相反，"课上积极思考，课后认真复习"这种目标就比"好好学习"要具体得多，而且看起来更有实践性。

2. M——可衡量的（measurable）

目标应尽可能以数据或行为为依据，并建立量化标准。例如，"多打篮球"的表述缺乏衡量标准。如何算是"多"？衡量"多"的标准是什么？如果加上数量标准，就不一样了，如"每周打 3 次篮球，至少 40 分钟"。这样做的好处是，通过每周实际打篮球的次数和时间，就可以判断目标是否已经实现，是否需要调整。

3. A——可实现的（achievable）

目标应该是通过实践可以实现的。例如，"语文考试的最终成绩将提高 20 分"，这是一个相对具体和可衡量的目标。但目标因人而异。假设期末考试的满分是 150 分，学生 A 的平均分是 80 分，而学生 B 的平均分是 110 分。在同样的努力下，虽然学生 A 的起点较低，但仍有很大的进步和提升空间，多 20 分的成绩对于 A 来说更容易达到，学生 B 则更难达到这个目标。因此，目标设定应该充分考虑自己的能力和提升空间，避免目标设定过高或过低。

4. R——相关联的（relevant）

目标应该与定期任务或其他目标有一定的联系。例如，学生 C 和学生 D 都对日本的高科技感兴趣。C 想去日本留学，并把日语作为高考的外语考试科目。学生 D 更喜欢国内的学校，想在高考中选择英语作为外语科目，所以"2 年内日语达到三级水平"这个目标与学生 C 的相关性高，与学生 D 的相关性低。

5. T——有时限的（time bound）

设定目标的最后期限。例如，在长假期间，许多人设定了"完成暑假作业"的目标。结果是，他们往往在假期最后几天才开始努力完成任务，这就像没有设定目标一样。如果给自己的目标设定一个最后期限"在×个月之前完成暑假作业"，那么整个任务就会向前推进，就会更有效率。没有时间限制，许多目标是无法实现的，当然也无法评估最后的结果。

案例分析

　　小王在学校读的是国际贸易专业，毕业后希望寻找专业对口的工作，但是小王的英语并不好，在学习期间也没认真努力过，只是勉强拿到了英语四级证书，这对外贸业务这个工作来说是最低的要求。因此他找到一家很小的公司做业务员。在一年多的外贸生涯里，小王不但在业绩上毫无起色，乐观的性格也变得消沉、烦躁不安。经过一段时间的挣扎，小王意识到再这样下去自己的职业发展会越来越难，自己再也不能这样混下去了。他开始跟着业务经历丰富的师傅学习。他利用业余时间苦练英语，再加上跟着师傅经常跑业务，业务能力提高很快。现在能跟客户应对自如的小王自信多了，他终于找到了职业认同感，对自己未来的职业发展也充满了信心。

　　思考：小王是怎么找到自信和职业认同感的？

○做一做○

利用 SMART 原则分析职业目标

先写下你的长期目标、中期目标和短期目标，再利用 SMART 原则分析它们是否切实可行，将分析过程和结果填入表 3-2 中。

长期目标：＿＿＿＿＿＿＿＿＿＿＿＿＿＿＿＿＿＿＿＿＿＿＿＿＿＿＿＿＿＿＿

中期目标：＿＿＿＿＿＿＿＿＿＿＿＿＿＿＿＿＿＿＿＿＿＿＿＿＿＿＿＿＿＿

短期目标：＿＿＿＿＿＿＿＿＿＿＿＿＿＿＿＿＿＿＿＿＿＿＿＿＿＿＿＿＿＿

表 3-2　SMART 目标分析

原则	长期目标	中期目标	短期目标
具体的（S）			
衡量的（M）			
可实现的（A）			
相关联的（R）			
有时限的（T）			
分析结果			

拓展阅读

职 业 选 择

1. 热门与冷门

一个热门的行业，通常竞争比较激烈，竞争对手也比较强大，对人才的要求也比较高。热门行业的选择应具有很强的竞争力，但大学生不应以此定职业，必须分析自己的能力所长，对已经表露出来的职业兴趣和职业特长要特别珍惜，尽量寻找符合自己特长的职业。即使一时无法选择自己喜欢的职业也没有关系，可以在以后的工作中逐步调整。

2. 大企业与小企业

大企业优点很多，如有良好的福利、晋升、培训体系。在大企业的工作经历能为以后求职带来便利，但是缺点也很明显，因为大企业人才济济，分工过细、过明确，个人的长处不易被发现，其他能力可能很难得到锻炼。相对于大企业，在小企业工作，可能身兼数职，这样更能展示个人才能，职业发展空间可能会更广阔。

3. 稳定与不稳定

中国有句老话："三十年河东，三十年河西。"以前热门的职业，现在可能一点都不吃香。职业稳定的概念是相对的，计划经济时，所有职业都是稳定的，而现在即使是公务员，也有淘汰机制。所谓不稳定，不是职业的不稳定，而是工作单位的不稳定。作为社会分工的各种职业，在社会上永远都是需要的。

4. 大都市与小城镇

我国的人才结构呈金字塔形，高端人才少；人才分布存在地域差异，通常大都市人才多，小城镇人才少。东北振兴、西部开发和中部崛起需要大量的中高级人才，每年都会引进大量优秀人才，并为其提供各种优惠政策，大学毕业生可以到这些地方一展宏图。

5. 利益与兴趣

在自己擅长的领域工作往往能表现突出，容易闯出一片天地，即使工作辛苦，也会因为兴趣而不觉得累。但是如果一个人干着自己不喜欢的工作，即使待遇很好，很多时候也会感觉到很吃力，需要在工作中积极地调整。

第三节　把握职业生涯，学会职业生涯规划

生涯故事

三个工人正在工地砌墙，有人从旁边经过时问他们在干什么。

第一个人没好气地说："我在砌墙，你没看到吗？"

第二个人笑笑说："我们在盖一幢高楼。"

第三个人笑容满面地说："我们正在建设一座新城市。"

10年后，第一个人仍在干着砌墙的活，第二个人成了工程师，第三个人则成了前两个人的老板。

思考：你的生活态度是怎样的？你的工作态度与上面的哪个人相似？

马上行动

休假的时候，很多人会考虑旅游。有的人要去看名胜古迹，有的人跟自己的父母或朋友一起自驾游，有的人去拜访数日不见的亲朋好友，还有一些人则会因为某一个人或者某一处景色而故地重游，确定了旅游目的之后，还要做一个旅游计划。其实旅游计划和职业生涯规划有很多相似之处，二者都有目的地、计划途径、前期规划等一系列准备的过程。不同的是，旅游是一个具体的短期计划，而职业生涯规划则是人生的一个长期计划。那么，可不可以如同旅游一样给你的职业生涯设置一个目的地，做一个职业生涯规划？

假如你现在已经是职业人士了，那么请从职场人的角度思考以下问题：目前你认为最重要、最紧迫的是什么？什么样的职场目标最适合你？什么样的职场定位才算最准确？

核心知识

一、职业生涯规划的含义

生涯是指生活中各种事态的连续演进方向，包含职业和生活角色。生涯展现了独特的自我发展形式，是有酬与无酬职业的综合。简而言之，生涯是个人所经历的多种角色，在所处的生活空间环境中，发生的预期以及非预期事件的总和。

职业生涯规划简称生涯规划，又叫职业生涯设计，是指结合自身条件和现实环境，确定职业目标，选择合适的职业道路，制订相应的职业培训、职业教育和工作计划，并按照职业生涯发展的阶段实施具体行动以达到目标的过程。职业生涯规划的关键就是要解决"做什么""在哪里做""怎么做""以什么样的心态做"的问题。

二、职业生涯规划的六大要素

职业生涯规划的六大要素包括立志、知己、知彼、抉择、目标、行动。其中，立志是进行职业生涯规划的关键，知己、知彼是抉择、目标和行动的基础。

立志是确定个人的志向和人生目标。

知己是了解自己的兴趣、能力、价值观、个性，以及家庭环境、学校与社会教育对个人产生的影响等。

知彼是探索外在世界，包括社会环境、职业特性、地域特点、行业与企业所需的能力，以及就业渠道、工作内容，工作发展前景、行业与职业的薪资待遇等。

抉择是根据自己的爱好、特长、社会需要以及自己的利益要求，选择适合自己的职业目标，是在知己、知彼的基础上，根据自身的特点结合社会环境，规划自己的人生目标。

行动是有了明确的人生目标，付诸行动。只有行动才能真正达成自己的人生目标。

三、职业生涯规划的作用

（一）更好地了解自己的实力

生涯规划可以帮助大学生充分认知自我，进一步增强应对社会竞争的能力。在制定职业生涯规划时，评估自己所处环境的特点、环境发展变化、自我与环境的关系等是非常必要的，其目的在于帮助自己在复杂的环境中趋利避害，使自己的职业生涯规划更具实际意义。大学生可以通过职业生涯规划去发现和了解自己的实力，借此寻找自己的人生终极目标。确定目标后，就要充分运用自己全部的知识和能力，制订实现目标的具体实施计划，最终实现人生目标。

任何大学生在进行职业生涯规划时都应该有自知之明。一份成功的职业生涯规划，需要个体正确认识自己的能力，在真正了解自己的基础上，展示最优秀的自己，以自己的人生目标为重点而努力奋斗。

（二）明确未来的奋斗目标

刚入校的大学新生往往学习热情高涨，求知欲旺盛。但是每个学习阶段，学校的教育方式和培养模式都会发生变化，如果不根据变化及时调整个人的心理状态，及早找准人生目标，并适时地规划自己，就容易在陌生的求学环境中产生较强的挫折感。

有目标，生活才不盲目；有追求，生活才有动力。只有将个人未来的职业、工作岗位以及未来的发展道路进行全面的规划，确定自己未来为之奋斗的目标，大学生才不会彷徨。

（三）有效地实现自我价值

当大学生全面规划将来要从事的职业以及在工作岗位上的发展道路，已经明确职业或人生目标后，在其为实现各阶段的目标而自觉地进行知识、技术与能力等人力资本投资活动的过程中，其自身素质也在不断提高。

职业生涯规划不仅能帮助个体实现目标，更能帮助个体真正了解自己，进一步评估内外部环境的优劣、限制，在衡量外部环境和自身真实能力后，设计合理可行的职业生涯发展方向，帮助个体重新审视自我价值，从而有效地实现自我价值，并使自我价值持续增值。

（四）降低成功的成本

制定属于自己的职业目标和选择职业的发展路径是职业生涯规划的核心。正确选择职业路径，可以让人少走弯路，降低个人获得成功所要付出的挫折成本、机会成本和经济成本。也就是说，职业生涯规划就是让成功有捷径可走。科学的职业生涯规划是人生成功的开始，拥有成功的职业生涯才能实现完美人生，这也是职业生涯规划的重要性。

四、职业生涯阶段任务

关于职业生涯的发展阶段，舒伯指出，生涯通常可以按年龄从小到大分为五个阶段，每个阶段都有其相对应且独特的阶段性任务。个体只有很好地完成前一阶段的任务，才能顺利地进入下一阶段。也就是说，在什么年龄就要做那个年龄该做的事，不必着急往前赶，也不应该推迟和延后。舒伯的生涯发展理论五个阶段如表 3-3 所示。

表 3-3　舒伯的生涯发展理论五个阶段

年龄	0～14 岁	15～24 岁	25～44 岁	45～64 岁	65 岁以后
阶段	成长期	探索期	建立期	维持期	卸任期
任务	确认自我概念	探索角色与职业	确立职业并建立关系	维持职业地位及应对挑战	退出职业并发展非职业角色

我国的现行教育体制下，低年龄学生处于成长期，中学生和大学生处于探索期。处于探索期的学生会在学校度过大部分时间，他们的主要任务就是学习、考试、课外活动、社会实践等，通过这些途径，积极探索自己的兴趣、能力、价值观念，并尽可能多地参加不同的活动，一方面体验自己所扮演的各种角色，另一方面对职业有进一步的认知（表 3-4）。

表 3-4　探索期（15～24 岁）

阶段	主要任务
试探期（15～17 岁）	综合考虑兴趣、能力、职业价值、就业机会，具体化职业偏好
过渡期（18～21 岁）	正式进入职场，或接受专门的职业训练，特定化职业偏好
试验期（22～24 岁）	初步确定就业领域，对职业发展目标的可行性进行试验

案例分析

汽车大王亨利·福特（Henry Ford）从小就在农场做助手，但福特并没有放弃自己的人生，他坚信自己可以成为一名机械师。福特 12 岁时就建立了自己的机械坊，他小时候的玩具就是各种工具。他 13 岁开始修表、修机器，17 岁到一个机械厂当学徒、机械师。到了 23 岁，制造经验日渐丰富的福特开始研制使用内燃发动机带动的交通工具。30 多岁时，他成功地制造了第一辆汽车。40 岁时，他建立了福特汽车公司。福特是世界上第一个使用流水线大批量生产汽车的人，他的生产方式使汽车成为一种大众产品。福特的成功，归功于他的正确定位和不懈努力。

　　思考：福特是如何从农场助手做到世界知名的汽车大王的？

○做一做○

　　有了目标才会有行动的动力，为自己不远的将来做个规划吧！想想本学期结束后、1 年后、2 年后、3 年后、4 年后、5 年后分别计划做什么。

　　本学期结束后计划：＿＿＿＿＿＿＿＿＿＿＿＿＿＿＿＿＿＿＿＿＿＿＿＿＿
　　1 年后的计划：＿＿＿＿＿＿＿＿＿＿＿＿＿＿＿＿＿＿＿＿＿＿＿＿＿＿＿
　　2 年后的计划：＿＿＿＿＿＿＿＿＿＿＿＿＿＿＿＿＿＿＿＿＿＿＿＿＿＿＿
　　3 年后的计划：＿＿＿＿＿＿＿＿＿＿＿＿＿＿＿＿＿＿＿＿＿＿＿＿＿＿＿
　　4 年后的计划：＿＿＿＿＿＿＿＿＿＿＿＿＿＿＿＿＿＿＿＿＿＿＿＿＿＿＿
　　5 年后的计划：＿＿＿＿＿＿＿＿＿＿＿＿＿＿＿＿＿＿＿＿＿＿＿＿＿＿＿

拓展阅读

角色的转换

　　角色转换就像演员在舞台上扮演不同的角色一样，人处在不同的社会地位、从事不同的社会职业会有相应的个人行为模式，即扮演不同的社会角色。学生角色向职业人角色的转换是人生最重要的角色转换之一。根据社会心理学的角色理论，毕业生从学生角色到职业角色的转换，必然伴随着角色冲突、角色学习和角色协调等一系列过程。因此，在开始自己的职业生涯之前，大学生应该对自己即将从事的职业进行细致深入的了解和调查分析，找出不足，提高心理承受能力和抗挫折能力，加强角色认知，做好就业前的各项准备，以便角色转换的顺利完成。

　　1. 在校期间的实践是角色转换的基础

　　在校期间的专业实践和社会实践是大学生接触社会、走向社会的第一步。专业实践能够帮助大学生充分认识专业特点，巩固专业思想，帮助大学生更好地锻炼自己的专业技能，有利于大学生增加对职业角色的认可。社会实践是大学生运用自身专业特长，展示才能，服务社会的重要渠道，是角色转换的准备阶段，可以推动大学生在毕业实习期间角色的转换，促进学生角色向职业角色转换。

　　2. 毕业前的角色转换

　　目前，每年的 7 月初，我国毕业生离校，奔赴工作岗位，但是实际上的就业工作早在此之前就开始了。可以说，这一时期是毕业生转换角色的重要阶段，主要表现在毕业前夕是大学生择业的黄金时期。毕业生借助与用人单位接触的机会，可以全面地了解用人单位的基本情况，切身体会社会对自己的认可程度，并依据自身的感受调整职业期望值，实事求是地定位自己的职业，为职业定位做好相应的准备。这是从学生角色向职业角色转换的第一步，也为大学生的职业角色奠定了基调，对角色的转换具有重大影响。

3. 见习期的角色转换

毕业生工作的第一年为见习期，之后表现良好者会转为正式员工。这一阶段可以形象地称为磨合期。初到工作岗位，生活和工作环境与学校环境存在很大区别。在校学习和生活的环境比较优越，空闲时间较多，生活节奏较慢，压力也相对较小。但是职业岗位不一定，工作繁忙时还要加班，属于自己的时间很少，从学校学习向职业环境转变，往往会造成角色冲突。因此，要加强见习期的角色学习，使角色转变顺利。

第四节　做好生涯决策，明确就业方向

📖 生涯故事

斯皮尔伯格（Spielberg）是美国著名的电影导演、编剧、电影制作人。他拍摄了很多有名的影片，如《夺宝奇兵》《侏罗纪公园》《辛德勒的名单》《拯救大兵瑞恩》。在他17岁的时候，有一次到一个电影制片厂参观，他偷偷立下了目标，要拍最好的电影。第二天，他穿了一套西装，提着爸爸的公文包，里面装了一块三明治，再次来到制片厂。他故意装出一副大人模样，骗过警卫，来到了制片厂里面。然后找到一辆废弃的手推车，用一块塑胶字母，在车门上拼出"斯蒂芬·斯皮尔伯格""导演"等字样。然后他利用整个夏天去认识各个导演、编剧等，以一个导演的生活来要求自己，从与别人的交谈中学习、观察、思考。最终在20岁那年，他成为正式的电影导演，开始了他导演的职业生涯。

思考：斯皮尔伯格的职业生涯具有怎样的特点？应该怎样规划自己的职业生涯？

📖 马上行动

在校的时间宝贵又短暂，相信利用好自己的时间，合理做好规划，一定能够充实地度过校园时光。请把每学年的规划填入表3-5中。

表3-5　每学年的规划

年级	规划
一年级	
二年级	
三年级	
四年级	

核心知识

一、决策的内涵与分类

决策是人们为各种事件出主意、做决定的过程。它是一个复杂的思维过程，是搜集、加工信息，做出判断、得出结论的过程。职业决策是指在职业选择和发展过程中个人做出的抉择以实现其最大价值的过程。决策问题与风险是相依的。根据决策所面临的风险程度，可以将决策分为确定性决策、风险性决策、不确定性决策。

确定性决策是指决策者对未来的情况是完全确定或已知的决策。

风险性决策是指决策者对未来的情况不能完全确定，但不确定性出现的可能性概率的具体分布是已知的或可以估计的决策。

不确定性决策是指决策者对未来的情况不能完全确定，而且对不确定性可能出现的概率也不清楚的决策。

人们所遇到的大多数决策属于风险性决策。几乎没有零风险的决策，因为不可能拥有做决策所需的全部信息，也不可能把全部信息都掌握在自己手中。当需要做出不确定性决策时，最好是掌握尽可能多的信息，将它变成风险性决策。做决策意味着风险，但这并不意味着不做决策就可以规避风险。

二、职业决策的影响因素

职业决策的影响因素有很多方面，对于一些人来说，做决策是很困难的，在一些特殊的情况下尤其如此。著名的职业指导理论家克朗伯兹（Krumboltz）将艾伯特·班杜拉（Albert Bandura）的社会学习论引入职业指导上，用以了解在个人决策历程当中，社会、遗传与个人因素对决策的影响，并总结出影响个体职业决策的几种交互因素。

（一）遗传因素

遗传因素是指人们先天所获得的各种因素，包括各种生理特征，如身高、外形、肤色等，这些因素可以拓展或限制个人的职业偏好和能力。另外，有些人天生就在艺术、音乐、书法、体育等方面有天赋。一般来说，人们在某方面越是有天赋，在那些方面或领域中就越有可塑性。

（二）环境影响和事件

大量的环境因素会影响到个体的职业生涯选择。这些因素一般来说，是超出个体能力控制范围之外的，包括社会、文化、政治以及经济的因素。另外，气候和地理环境这样的因素在很多方面也会影响个体。生活在一种受污染的环境中或是生活在一种经常发生地震或气候非常寒冷的环境中，对于人们进行职业生涯选择有着重要影响。克朗伯兹和他的同事把这些影响因素归纳为社会因素、教育因素、职业因素和学习经历。

1. 社会因素

社会中的很多变化对个人的职业生涯选择有着重要影响。例如，技术的进步极大地改善了交通运输工具，使汽车和飞机的速度更快，而这些变化又为人们创造出很多新的就业机会。在很多领域中，人们已经将计算机作为加工和存储信息的手段，这种变化又对劳动力市场产生巨大的影响。除此之外，社会条件也会影响资源的供给和需求。

2. 教育因素

教育的可获得性同时受到社会和个人因素的影响。例如，一个人所受的教育程度既受到家庭对教育所持态度的影响，同时也跟家庭的经济条件或状况有极大关系。另外，学校的教育体制和制度，以及教师和学校资源对学生兴趣与能力产生的影响也是非常重要的。

3. 职业因素

工作以及劳动力市场上有很多因素是个体无法控制的，但是对于人们做出职业生涯决策却有很大影响。其中，最重要的是工作机会的数量和工作性质，工作可能是季节性的，可能会受到地理环境的影响，也可能会受到不断变化的经济条件的影响。安全感和其他要求也可能会影响某个工作的可获得性。

4. 学习经历

一个人的职业偏好是其各种学习经历共同作用的结果。克朗伯兹指出了两种学习经历：个体作用于环境的和环境作用于个体的。一个人可能会有许多学习经历，而这些经历最终会影响到职业选择。由于学习经历的种类繁多，每个人的学习经历都会跟其他人的学习经历有所不同。

（三）完成任务的技能

完成任务的技能包括目标设定、价值观归类、想法的产生，以及获取职业信息、找出备选职业并选定职业等。遗传基因、环境状况以及学习经历都会培养做事技能。按照克朗伯兹生涯社会学习理论的观点，个人的偏好折射出个人所习得的反应。当个体做或观察别人做与某项职业有关的事而得到正反馈，如赞许、认可等，个体会倾向于对该职业有所偏好；反之，没有反馈或因个体的偏好、技能、行动而受罚，会减弱甚至会完全消除个体对某一职业的偏好。例如，面对同样的职业决策情况，一些学生会选择从各种渠道搜集信息并参与实践，而另一些学生则选择怨天尤人。

三、决策风格的类型

决策风格是人们决策态度、习惯、方式等的综合体现。决策风格对做事的效果有重大影响。决策风格主要有以下几种。

（一）痛苦挣扎型

痛苦挣扎型决策风格的人通常花费大量时间和精力来收集信息并反复比较，却难以做出决定。在此种情况下，他们需要其他人的介入，帮助其弄清楚是什么样的内部障碍阻碍了他们做出决策。例如，他们是否有追求完美的倾向。

（二）冲动型

冲动型决策风格的人往往会抓住他们遇到的第一个选择，不考虑其他信息或选择，先决定后考虑。在某些无伤大雅的小事情上采用这种策略导致的危害并不明显，但它会对某些对人们的生活产生重大影响的决策造成严重而持久的伤害。

（三）拖延型

拖延型决策风格的人通常会推迟思考和行动的时间等。某些学生往往有这样的心态："我还没有准备好，等有时间了再好好准备吧。"拖延的真正原因可能是逃避现实的责任。

（四）直觉型

直觉型决策风格的人通常以凭直觉、没有理由的方式来做决定。凭直觉所做的决定有时是恰当的，但它们必须建立在优势的基础上，如兴趣和能力等内在因素，有时可能由于先入为主的偏见，导致与事实截然不同。

（五）宿命型

宿命型决策风格的人习惯将决策留给境遇和命运，他们总是把顺其自然挂在嘴边，让所谓的缘分来决定，最终大多会后悔和失望。

（六）从众型

从众型决策风格的人通常遵循别人的计划，而不是独立地根据自身情况做决定。例如，当他们看到别人考证时，会选择盲目跟风，其实，这种做法并不一定对自身有利。事实上，别人的选择就像一件华丽的外套，盲目地听从别人为自己做的决定，很可能会在将来引起对所依赖的人的抱怨。

（七）瘫痪型

瘫痪型决策风格的人可能过于忧虑或者压力过大，能接受自己做决定的责任，却无法开始这个过程，害怕最终的结果。他们经常会有这样的想法："我知道我应该开始了，但一想到这件事，我就感到害怕。"

（八）规划型

规划型决策风格的人即使面对复杂的现实环境，也能够做出适宜合理的规划和决策。这些人更倾向于关注自身的经验，了解自身的能力、兴趣和价值观，并因此做出可行又令自己满意的决策。

四、决策风格测试

表 3-6 列举了各种决策情景，如果符合你，在"符合"栏里打"√"，如果不符合你，则在"不符合"栏里打"√"。

表 3-6　生涯决策风格测试表

情景陈述	符合	不符合	类型
1. 我常仓促做草率的判断	□	□	★
2. 我做事时不喜欢自己出主意	□	□	●
3. 碰到难做决定的事情，我就把它摆在一边	□	□	▲
4. 我会多方收集做决定所必需的一些个人及环境的资料	□	□	■
5. 我常凭一时冲动行事	□	□	★
6. 做事时我喜欢有人在旁边，以便随时商量	□	□	●
7. 一遇到需要做决定的情况，我就紧张不安	□	□	▲
8. 我会将收集到的信息加以比较分析，列出选择的方案	□	□	■
9. 我经常改变我所做的决定	□	□	★
10. 发现别人的看法与我不同，我便不知该怎么办	□	□	●
11. 我做事总是东想西想，下不了决心	□	□	▲
12. 我会权衡各项可选择方案的利弊得失，判断出此时最好的选择	□	□	■
13. 做决定之前，我从未做任何准备，也未分析可能的结果	□	□	★
14. 我很容易受别人意见的影响	□	□	●
15. 我觉得做决定是一件痛苦的事情	□	□	▲
16. 我会参考其他人的意见再斟酌自己的情况来做出适合自己的决定	□	□	■
17. 我常不经慎重思考就决定	□	□	★
18. 在父母、师长或亲友催促我做决定之前，我并不打算做任何决定	□	□	●
19. 为了避免做决定的痛苦，我现在并不想做决定	□	□	▲
20. 经过深思熟虑之后，我会明确决定一项最佳的方案	□	□	■
21. 我喜欢凭直觉做事	□	□	★
22. 我常让父母、师长或亲友来为我做决定	□	□	●
23. 我处理事情经常犹豫不决	□	□	▲
24. 当已经决定了所选择的方案，我会开始必要的准备并全力以赴做好它	□	□	■

记分方式：将同一类型的得分（"符合"得 1 分，"不符合"不得分）记入表 3-7 中，哪种类型得分最高，你就属于哪种决策风格的人。

表 3-7　生涯决策风格测试评分表

题号	★ 1、5、9、13、17、21	● 2、6、10、14、18、22	▲ 3、7、11、15、19、23	▩ 4、8、12、16、20、24
得分				
决策类型	冲动型	从众型	痛苦挣扎型	规划型

五、职业决策的基本原则

著名职业规划专家程淑明提出，在做职业决策时应遵循以下四个原则。

1. 选择自身所匹配的

根据自己的兴趣爱好和价值观去寻找就业方向和规划目标，这样便能从工作中感受到生活的意义和自身的价值所在，更好地去感受生活，体会生活的快乐。

2. 选择能完成的

根据自身的能力、个性等来做评判，挑选自己能够完成的工作。

3. 符合需求

职业决策必须遵循社会发展规律，适应社会人才结构的需要。

4. 选择已经获得的

决策的同时体现了自身的兴趣所在。在维护集体利益的前提下，合理权衡，将物质利益和精神利益最大化。

六、决策模型——SWOT 分析

SWOT 分析也称 SWOT 分析法、道斯矩阵或态势分析法，最早是由美国旧金山大学韦里克（Weihrich）教授于 20 世纪 80 年代初提出的，经常被用于企业战略制定、竞争对手分析等。所谓 SWOT 分析法，是指一种综合考虑企业内部条件和外部环境的各种因素，进行系统评价，从而选择最佳经营战略的方法。SWOT 分析近年来常被用来协助职业决策，分析个人的优势与劣势所在，评价不同职业道路带来的机会和威胁。优势和劣势属于个人因素和内部因素，机会和威胁属于外部因素。图 3-1 是学生职业生涯决策 SWOT 矩阵。

完成内外因素分析和 SWOT 矩阵的构造后，就可以对自身的竞争力和发展机会做出较为准确的判断，依此制订职业生涯目标规划；同时，也能清楚地看到自己的劣势和外在威胁，从而依此制定相应策略，扬长避短，利用机会化解威胁。SWOT 分析法可将各种环境相互匹配和组合，然后得出一系列适合自己的决策，见表 3-8。

优势（S）：指个体可控制并可利用的内部积极因素	劣势（W）：指个体可控并可以努力改进的内部消极因素
◆教育背景	◆缺乏工作经验
◆丰富的专业知识和技能	◆学习成绩差，专业不对口
◆实践经验	◆对自我和对挫折的认识都十分不足
◆特定的可转移技巧（如沟通、团队合作、领导能力等）	◆较差的领导能力、人际交往能力、沟通能力和团队合作能力
◆人格特质（如职业道德、自我约束、承受压力的能力、创造性、乐观等）	◆负面的人格特征（如缺乏自律、情绪化等）
…………	…………
机会（O）：指个体不可控但可以利用的外部积极因素	威胁（T）：指个体不可控但可以使其弱化的外部因素
◆就业机会增加	◆就业机会减少
◆再教育的机会增加	◆具有丰富的技能、经验、知识的竞争者
◆专业领域急需人才或专业发展带来的机会	◆名校毕业的竞争者
◆由于提高自我认识、设置更多具体的工作目标带来的机遇	◆缺少培训、再学习造成的职业发展障碍
◆地理位置的优势	◆专业领域或发展有限
…………	…………

图 3-1　学生职业生涯决策 SWOT 矩阵

表 3-8　决策组合

外部环境	内部环境	
	优势（S）	劣势（W）
机会（O）	S-O 决策	W-O 决策
威胁（T）	S-T 决策	W-T 决策

W-T 决策：考虑劣势因素和威胁因素，目的是努力使这两种因素都趋于最小。例如，觉得自己不擅交际，就尽量多参加社交活动。

W-O 决策：考虑劣势因素和机会因素，目的是努力使劣势趋于最小、机会趋于最大。例如，即使是普通本科、冷门专业，但目前就业市场上急需复合型人才，只要自己具备良好的综合素质，劣势因素就会影响甚微。

S-T 决策：着重考虑优势因素和威胁因素，目的是努力使优势因素趋于最大、威胁因素趋于最小。也就是说，要利用自身优势将外部威胁对个体职业发展造成的不利影响降到最低。例如，缺乏工作经验的应届毕业生往往不会被一些大型企业录用，但如果毕业生不仅具备丰富的专业知识，而且表现出良好的沟通、团队合作能力，具有创造性且敢于展现，就极有可能被大型企业破格录取。

S-O 决策：着重考虑优势因素和机会因素，目的在于努力使这两种因素都趋于最大。例如，有良好的英语基础，且将来从事外贸工作，就可以在今后的工作中继续加强这方面的优势，让它成为各项素质中最具有竞争力的要素。由于大多时候很多劣势难以弥补，与其着重加长短板，还不如突出优势，因此这一对策是四大策略中最重要的。

七、职业决策中的阻碍与应对

（一）决策困难与应对

个人出现决策困难的情形，通常分为以下两种。

1. 生涯不确定

生涯不确定是个人发展中普遍存在的问题。还处在生涯探索阶段的大学生，通常不了解自己的兴趣、能力、价值观，同时缺乏关于工作的信息，因此难以进行生涯决策。这种情况通常通过了解职业生涯规划方面的信息、参加社会实践等途径就可以解决。

2. 生涯犹豫

由于个人认知上的障碍，生涯犹豫类的人会产生严重的心理焦虑，他们需要通过很长一段时间的心理疏导和治疗，如认知调节和心理咨询、放松训练、自信训练、积极的心理暗示等，才能提升自我价值观、改善决策力。

（二）非理性信念与应对

人们往往对职业决策抱有非理性的信念，这些信念主要表现在以下几个方面。

自我：我必须被每个人认可；我干什么都不行；如果我愿意，我可以做任何事；我可能会一事无成……

职业：我的性别不适合这个行业；我的工作应该符合我所有的期望……

决策：我的职业已冥冥中注定；有一种测试能帮助我找到合适的职业；在我采取行动之前，我必须绝对肯定；找到最想要的工作我才能满足；我必须当一个领导才叫成功……

这些信念的非理性在于其绝对化，将个人选择的范围限制得很小，从而不利于个人的可持续发展。此外，这些非理性信念往往存在于潜意识中，即使以理性的方式被认为是非理性的，它们仍然会影响个人的判断和行为。

应对非理性信念可以采用 ABCDE 治疗模型。ABCDE 治疗模型由心理学家埃利斯（Ellis）于 20 世纪 50 年代创立，是情绪调节方法中最知名的认知调节法之一。具体来说，当个体要改变不良的情绪或不适应的行为时，首先要找出情绪困扰和行为不适应的具体表现（consequence，C），以及与每一种不良情绪及行为反应相对应的诱发事件（activating event，A），然后分析将 C 和 A 联系在一起的内在信念（belief，B）。接下来，分析 B 中是否存在不合理的成分，了解自身思维方式的问题所在。通过与 B 进行驳斥、对抗，或者与 B 进行辩论（disputing，s），从内心动摇不合理的自动化思维并逐渐摆脱不合理信念 B 对自己的影响。最后，用合理的信念代替不合理信念，用合理的思维方式代替不合理的思维方式，并通过模仿学习、强化学习等方法逐渐改变以往的不适应行为，从而巩固合理信念。通过这一系列过程就能逐渐解除情绪的困扰，并产生积极的情绪行为，即达到了治疗的效果（effective，E）。

小贴士

专业和职业的选择

选择专业相对轻松，但选择职业却不容易。专业和职业选择一般包括以下几个步骤。

1）了解自己的兴趣、能力、长处和短处，拥有合理的自我评估。

2）调查客观环境，了解专业和职业的现状和发展前景。

3）根据自身特点和现实情况制定职业目标。

4）详细分解目标，制定可行的短期目标和相应的教育或培训计划路径安排。

5）根据个人需求和日新月异的社会发展现状，持续评估和调整职业目标。

案例分析

帕瓦罗蒂（Pavarotti）1935年出生于意大利的一个面包师家庭。他的父亲爱好歌剧，经常将卡鲁索、吉莉和佩尔蒂埃的唱片带回家。耳濡目染下，帕瓦罗蒂也喜欢上了唱歌，并且在小时候就表现出了唱歌的天赋。

长大后，帕瓦罗蒂仍然喜欢唱歌，但他更喜欢孩子，想成为一名教师。于是，他参加了一所师范学校的考试。在那所学校学习期间，一位名叫阿莉戈·博拉的职业歌手把帕瓦罗蒂当成了学生。临近毕业，帕瓦罗蒂问他的父亲："我该怎么办？当老师还是当歌手？""如果你想同时坐在两把椅子上，你就会被夹在两把椅子之间。"父亲回答。遵照父亲的建议，帕瓦罗蒂选择了教师这把椅子。不幸的是，由于他缺乏经验和专业权威，最终离开了学校。后来帕瓦罗蒂选择了另一张椅子——唱歌。

17岁时，帕瓦罗蒂的父亲把他介绍给罗西尼合唱团，他开始随合唱团在各地举行音乐会。他经常在免费的音乐会上唱歌，希望能引起经纪人的注意，但都没有成功。在一场音乐会上，他因表现不佳被现场观众哄下舞台。失败使他想放弃，随后，冷静下来的帕瓦罗蒂想起了父亲的话，坚持了下来。1961年，25岁的帕瓦罗蒂在阿基莱·佩里国际声乐比赛中，演唱歌剧《波希米亚人》主角鲁道夫咏叹调，获得一等奖；同年4月，在勒佐·埃米利亚歌剧院登台演出歌剧《波希米亚人》。1965年，帕瓦罗蒂应邀到澳大利亚演出并录制唱片。1967年，他被伟大的指挥家卡拉扬选中担任威尔第《安魂曲》的男高音独唱。他以华丽优美的嗓音和纯熟精湛的歌唱，征服了全世界人们的耳朵。

当一名记者问及帕瓦罗蒂成功的秘诀时，帕瓦罗蒂说："我的成功在于我选择了正确的方向，将我的才华运用到一系列的选择中。"

思考：帕瓦罗蒂是如何一步步展现自己的才能的？

○做一做○

决策和变化

每个人每天都面临着各种决定，也都做过大大小小的决定。请参考表3-9中的例子，填写你做过的重要决策，分析决策前后的变化，并评估你的决策风格。

表 3-9　决策风格

	所做的决策	之前的状态	之后的改变、感想
例	报编程兴趣班	很喜欢玩手机和游戏，时常上瘾	改变：懂得了游戏的设计原理，会自己修改和编写游戏程序，不再沉迷游戏。 感想：深入学习能让人转换视角
例	报考××学校	按部就班地学习考试，很少考虑未来	改变：朝着目标学习，充满动力，考上××学校以后遇到了更好的老师和同学，接触了生涯规划，开始懂得要学会规划人生 感想：好的决策会带来巨大改变
1			
2			
3			

决策风格评估：

1）我的选择通常是：□主动的（自己做主）　□被动的（他人安排）

2）我决策的时候更依赖于：□理性（调查分析）　□感性（直觉判断）

3）我对自己的决策一般会感到：□满意　□没感觉　□有些后悔

拓展阅读

决策模型——CASVE 循环

CASVE 循环是一种职业生涯规划决策工具，包括沟通（C）、分析（A）、综合（S）、评估（V）、执行（E）五个阶段，如图 3-2 所示。

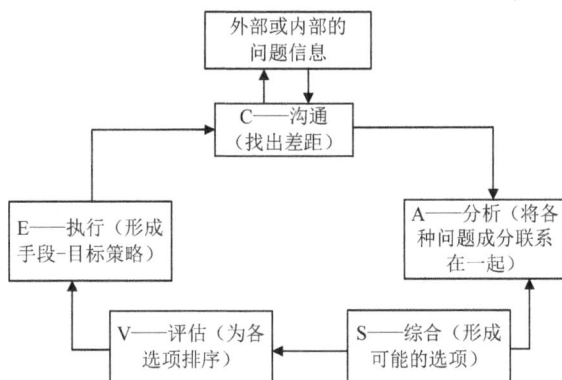

图 3-2　CASVE 循环

在沟通阶段，生涯决策者收到关于职业理想与现实之间存在差距的信息。在分析阶段，需要花时间去思考、观察、研究，从而更充分地了解差距，了解自己有效地做出反应的能力。在综合阶段，主要是综合和加工上一阶段提供的信息，从而制定消除差距的行动方案。在评估阶段，选择一个职业、工作或专业。在执行阶段，实施选择，把思考转换为行动。CASVE 循环是一个不断重复的过程。在执行阶段之后，生活决策者又回到沟通阶段，以确定已做的选择是不是最好的、是否能最有效地消除理想与现实间的差距。

第二篇

做好就业准备

第四章　强化就业技能，树立科学就业观

第一节　认清就业形势，端正就业观念

生涯故事

小雪是一个成绩优秀、有较好的交际能力的大学生。在大家看来，她在毕业之后一定会有一份稳定的工作和收入。然而事与愿违，她多次遭到用人单位的拒绝。到了学期末，渐渐有用人单位进校园招聘，人人都忙着润色自己的简历，使之更具有竞争力，但是小雪却整日待在图书馆忙于考研。在她看来，现在没必要找工作，在考研失败后再找工作也来得及，反正最后的工作是一样的。但现实却狠狠打了她一巴掌，小雪考研失利了，她这才急忙联系自己中意的几家单位，但因为用人单位需要的人才已经饱和，她没有被任何一家单位录用。小雪陷入了深深的自我怀疑中。

思考：小雪的问题出在哪里？如果是你，你会怎么做？

马上行动

分小组讨论，大学生应该具备什么样的就业观念。

核心知识

一、树立科学的就业观念

（一）选择相对偏远地区或中小企业就业

部分大学生存在这样的择业观，即盲目追求大城市、大企业、高待遇等。现在大城市的企业在一段时间的发展之后，人才质量都已经很高了，对新人的要求会更高，所以一般毕业生就算能够进到这些企业短时间内也无法很好地发挥自己的才能。大学毕业生可以去一些相对偏远的地方或者是中小企业，那里通常缺少人才储备，而且尚处于发展阶段，有很大的上升空间，大学毕业生在那里更容易得到重用，能更快做出成绩，实现自我价值。对于刚刚毕业的大学生来说，高薪资和高待遇几乎是不现实的，所以要降低自己的期望值，踏踏实实地从基础开始，积累经验，尽快提升自己。

（二）在第三产业就业

现在发达国家基本进入了以第三产业为支柱的经济发展阶段，而且就现如今的国家

政策来说，第三产业在我国总体经济的比重也在快速上升，发展第三产业是一种大趋势，因此大学毕业生就业于第三产业的单位也是一种不错的选择。

（三）灵活就业

国家支持各种方式的就业，已经把自主就业列为就业率的统计范围，所以大学毕业生可以尝试灵活就业。

二、当今流行的择业观念

现在大学毕业生越来越多，就业竞争压力很大，就业观念也发生了很大的变化。

（一）不再执着"一步到位"的工作

从目前的就业形势来看，采取"一步到位"的就业方式对很多大学毕业生来说是不现实的。因此，部分大学生选择在毕业之后先找一份工作积累经验，再重新选择更好的工作单位，最后创业。

（二）到民营企业就业

近年来，随着经济的不断发展，民营企业的作用越发重要，宣传也做得更加到位，所以，相比之前大学毕业生认为非国企就意味着不稳定、收入低、待遇差，现在的大学毕业生不再执着公职和一些固定的职位，更喜欢去一些民营企业发挥自己的才能，追求自己的理想。

（三）不再专注于自己专业的工作

现在的大学毕业生注重综合素质的发展，对自己的真正需求有更清醒的认知，更喜欢依自己的兴趣来选择工作。

（四）鼓励自主创业

现在的国家政策都在鼓励大学毕业生自主创业。部分大学生不再向社会寻求工作，而是转向发挥自己的才能创业，这样不仅能给自己一个满意的职位，同时也能为社会提供许多工作岗位。

（五）对待待业的心理承受能力大大提升

现在的大学毕业生基本上能够理性地对待待业这个问题，心理承受能力大大上升，认为只要自己去争取工作，总不会真的没工作做。

（六）"活到老，学到老"的观念正在不断植根于脑中

随着大学毕业生数量的上升以及综合型工作的出现，对人才的素质也提出了更高的要求，综合素质高的人才更受欢迎。现在的大学毕业生已意识到只有不断增加自己的知识和技能，才能在职场中保持竞争优势，因此，大学毕业生要保持学习的热情，活到老，

学到老。

三、择业的原则

择业时要遵循以下几条原则。

（一）了解自己，发挥自身优势

在选择职业时要对自己有充分的了解，充分发挥自己的长处，展现自我。

要对自己选择的工作充满兴趣，同时要懂得如何很好地将自己的优势运用在工作中，以提高工作效率、高质量地完成工作，从而提高自己的竞争力。

（二）懂得职场需求，结合社会需求

在社会生活中，要想实现自我价值就必须遵循社会规则和为社会作出贡献。在选择职业时不仅要考虑自己的专业和兴趣，还要考虑市场上供给什么职业，社会中需要什么职业。选择工作不仅仅是个人的事情，也要考虑社会的需求，为社会做自己力所能及的事情。

（三）了解国家政策，符合政策规定

就业前要了解清楚国家颁布的相关政策，所找的工作要符合社会和国家的利益，要做有利于国家的决定。同时，还要弄清楚国家颁布的就业方针政策是否有针对的地域、学校、人才，避免进入求职误区。

马上行动

除父母之外我们接触最多的人就是亲戚朋友，所以他们对你的职业选择也会有一定的影响。请你在表 4-1 中填写你亲戚朋友的专业和职业。

表 4-1　亲戚朋友的专业和职业

姓名	和你的关系	学历	所学专业	工作单位性质（国企、私企、事业单位……）	从事工作内容

小贴士

职业与兴趣

一个人如果能更多地把个人职业形象的各要素融入自己的择业过程，其对日后工作的满意度就会较高，幸福感也会较强。如果发现工作很有趣，并能很好地发挥自己

的特长，就会感到自己的职业是一个理想的选择。兴趣偏好能为选择喜欢从事的工作提供更多富有洞察力的帮助。如果能够找一份和自己的价值观相一致的工作，就能对自己的日常工作感到称心如意，并感到自己所有的付出都是值得的。不管是哪个领域，人们都需要在工作中得到长期持续的满足。

案例分析

因为新冠肺炎疫情原因，很多企业运营困难，难以维持，用人需求更是大大缩减，社会招聘岗位急剧减少，对于应届毕业生来说也是雪上加霜。应届毕业生小孙就读于某学院电子商务专业，他在与人沟通方面并不显优秀，略腼腆，性格内向。但小孙并没有被困难压倒，他对就业形势及自己的优势和劣势进行了全面的分析。他认为自己年轻，可以从事具有挑战性的工作或劳动强度稍大的工作，对于工作地点的远近也无严格要求，而且有明确的就业意向。但是自己学历不太高，没有考取相关资格证书，难以胜任有英语要求的岗位，且缺少实习及面试经验。但是他对自己所学的专业信心十足，虽然各行各业都受到疫情的冲击，但电商行业的发展并未明显放缓，更有上升趋势，就业前景可观，且各行各业都在疫情伊始便将实体业务转向电子商务，很多制造企业纷纷开设网店，因此关于电子商务的职位需求量大。

因为就业目标明确，小孙能很好地表达出自己的就业方向，对自我认识定位清晰。他体型高壮，却有着腼腆的笑容，这也给用人单位留下了深刻的印象。针对自己的劣势，小孙积极参加面试积累经验，同时也把自己的标准降低，先从门槛低的工作入手。在严峻的就业形势下，局限于学校所学专业、锁定某个行业显然是不可行的，各行各业、各岗位都有一部分共通的东西，并不是专业不对口就不能应聘。经过多次尝试，小孙终于找到了自己满意的工作。

思考： 小孙是怎样找到自己满意的工作的？

○做一做○

了 解 专 业

全班学生一起参加这个游戏。

拿出一张纸，先将你知道的所有专业列出来。仅仅找出喜欢谈论并有所了解的专业，无须精通，也无论它们是不是你的爱好。可按以下类别来写（把专业填入哪一类并不重要，下面的分类只是帮助你回忆，写好后在喜欢的专业处画个记号）。

- 在学校知道的：_____

- 在工作（兼职或实习等）时知道的：_____

- 参加会议、辅导班、培训班、研讨班时知道的：_____

- 在家（阅读、看电视、上网、看报纸、学习课程等）知道的：_____

- 休闲时（志愿工作、兴趣小组等）知道的：_____

　　然后把你不喜欢的专业写在小纸条上给其他同学，其他同学也可以把自己不喜欢的专业给你，直到每个人都不再愿意把自己手中的专业给别人。这时，每个人留下的专业可能是1～20个不等。手中还有三个以上专业的，先把最想放弃的专业选出来丢掉，然后再在剩下的专业中选择第二将要放弃的，以此类推，直到手中只剩下三个专业。

讨论：

　　1）别人给你的专业中有没有自己没见过的？如果有，找那个同学了解一下这个专业的情况。

　　2）别人给你的专业中有没有自己喜欢的？如果有，找那个同学问一下他为什么不喜欢这个专业。

　　3）在游戏的后期，当你不得不放弃一个个专业时，你的感受是什么？你放弃它们的依据是什么？

　　4）留在手中的三个专业和后来不愿给别人的那些专业有什么共同点吗？

┌─ **拓展阅读** ─

学习理念与专业认识

　　（一）树立正确合理的学习理念

　　1. 树立自主学习的理念

　　到了大学之后没有人监督学习，大部分学习要靠自觉，要想在校内处于优秀地位就要学会自律，让自己成为学习的主人，让自己支配的时间成为有效时间，提高自己的综合素质。

　　2. 树立全面学习的理念

　　到了大学后要学习的不仅仅是专业知识，还要学习为人处世的方式，学会管理时间，学会合作与宽容。另外，还要学习掌握知识的方法，保持昂扬的学习热情，解决实际问题。

　　3. 树立创新学习的理念

　　创新是生产发展的第一动力，创新可以不断地激发自己的新思想、新意识和新方法。树立创新意识，就要敢于打破与现实不相符的陈规陋习，舍弃旧思想，抓住创新所带来的红利，提升就业的竞争力。

　　（二）加深对专业的了解

　　1. 了解与专业相关的职业

　　大学生可以通过各种方式去了解与自己专业相关的职业，了解社会需要哪些职业或者人才，为就业尽早做准备。

　　2. 了解专业人才培养的方向

　　不同的专业培养的人才是不同的，有些偏重理论学术，有些则偏重实操；有的培养应用型人才，有的培养复合型人才。大学生要了解这些重要的知识，以便寻找最适合自己的专业发展方向。

3. 了解专业特色

每个专业和学科都有各自的特色，这会在一定程度上影响大学生未来的发展方向，所以了解专业特色也是很有必要的。

第二节　调适就业心理，做好就业准备

生涯故事

小张在校期间学习成绩优异，品德优良，各方面表现良好，对未来的就业充满信心。但由于所学的专业冷门，他应聘了几家公司都失败了，因此内心产生了强烈的不自信感，总认为自己不如别人优秀，逐渐失去自信心，导致他在之后的应聘过程中表现不佳，甚至在后来的应聘中，首先就询问是否需要××专业的毕业生，而且也不知道如何表现自己，最终未找到自己理想的工作单位。

思考： 小张为什么没有找到自己理想的工作单位？你认为他应该如何去做？

马上行动

如果让你准备一份个人简历，你认为应包括哪些内容呢？将你的基本信息填入表4-2中，为以后做一份完整的个人简历做准备。

表4-2　做一做我的个人简历

姓名		年龄	
毕业学校		专业	
曾获得荣誉			
学习实践经历			
特长			

核心知识

一、求职择业前的思想准备

当今社会日益发展，大学生入学时学习的专业和招聘的学生数量以及学习模式在毕业时可能与社会的需求有较大的差异。大学生应树立正确的择业观，让自己主动地适应社会，不成为社会的附庸者，树立竞争意识。因此，大学生在求职择业前应做好以下几个方面的思想准备。

（一）树立正确的思想意识，转变固有的观念

转变固有的观念，跳出思想的怪圈，建立自己新的择业观念。当前，"一揽子"的就业观念和模式已经逐渐转化为双方处于平等地位的自我选择职业的就业模式。所以，大学生应该树立崭新的求职择业的思想观念，有一定的心理准备和思想上的未雨绸缪，以适应当前日新月异的择业状态。

（二）树立正确的社会需求就业理念

在现行体制下，大学生当前的就业是在我国就业政策下自主求职的一种模式。在当前的经济环境下，每个大学生都应思考自己的思维模式是否适应当前的社会需求，自己应该作出什么样的改变才不会淹没在历史的长河中。当前社会发展日新月异，想在社会的洪流中站住脚跟，就必须紧跟社会潮流，思想紧随社会的变化而改变，不断地学习、了解、适应当前的社会。最重要的一点是，必须具有竞争意识和忧患意识，在竞争中学会生存，在竞争中适应社会，这样才能与社会共同成长和发展。

（三）树立基层发展的就业思想

大学生就业，切勿眼高手低，要脚踏实地，扎扎实实地做好每一件事情，无论多么艰苦，都要以基层发展的精神来对待。当前，国家对基层工作十分重视，据了解，我国每年事业单位、国家公务员的招聘基层工作较多，基层工作是重中之重。大学生锻炼自己的能力，要做到从基层中来、到基层中去，正确认识基层工作对自己的意义。深入基层、扎根基层，不辞辛苦，以正确的人生观、价值观对待自己的工作岗位，必定收获颇多。

二、求职择业前的心理准备

大学毕业生在求职择业前应做好以下几个方面的心理准备。

（一）树立竞争意识

优胜劣汰，适者生存。竞争无处不在，竞争促进人类社会的进步，促进社会的车轮更快地滚动向前。竞争有时是无意识的，有时是有意识的，人们在社会中，无形地处在竞争中。既然竞争是当前社会避免不了的问题，就要做到正确看待竞争，树立正确的竞争观念，迎头而上，做到适当竞争，从而在竞争的过程中建立起良好的心理素质。

（二）抗打击的心理准备

"不经一番寒彻骨，怎得梅花扑鼻香。"人生中有磨砺也有挫折，正是因为有它们的存在，才使我们的人生更加精彩。抗住失败的打击，抵住挫折，有健康的心理准备，才能更好地面对挫折，走向成功。在求职的过程中，无论成功与失败，都应以乐观的态度去面对，不能丧失自信，要在挫折中积累经验，以便更好地面对下一个工作机会。

（三）要着眼于长远

在求职择业时，要树立长远意识，着眼于未来。在求职的过程中，不要忽视每一次应聘的机会，也不要忽略任何一个自己认为不是很理想的工作岗位，每一次机会都是为了锻炼自己的能力，每一个工作岗位都会帮助自己提升专业能力，为以后的成功铺路。

三、就业心理调适

（一）正确认识自己，树立正确的就业观

每个毕业生都想寻求理想的工作岗位，但现实往往很残酷，并不是每个人都可以得到理想的工作。因此，毕业生应正确认识自己，调整对工作岗位的期望值。了解自己的专业，了解当下社会的专业需求度，根据自身的性格和兴趣选择与所学专业匹配的工作，并满足社会需求，成为社会所需的人才。

树立正确的就业观，切勿眼高手低，心浮气躁，盲目跟风。当下，有些人对基层工作不屑，助长了攀比之风，影响了大学生的就业观和人生观，在一定程度上影响了大学生的择业。面对这种情况，应开展就业观教育，帮助大学生正确择业，引导他们转变就业观念，从而把自己的专业和社会所需有机结合起来，更好地服务社会。

（二）进行心理调节和控制

1. 理性情绪疗法

理性情绪疗法是埃利斯首创的心理咨询理论及方法。该方法重视不合理信念对情绪和行为的影响，即对诱发事件所持有的不合理的信念是导致情绪和行为问题等结果的主要原因。如果改变认知，从非理性信念转向理性观念，就可以消除情绪带来的不良影响。有些大学生在择业中总习惯性地认为就业是一个一帆风顺的过程，没有认识到当中的挫折。当现实和自己所想不一致时，就会产生不良情绪。因此大学生要客观地对待择业，正确地认识择业，消除主观思想，理性思考就业这一问题，让理性占据主导地位，从而消除不良情绪。

2. 合理宣泄法

大学生一旦在择业的过程中遇到挫折，就会产生不良的情绪。面对这种情况，不能压在心底，要懂得寻找知心朋友进行沟通，宣泄自己的不满，缓解自身的不良情绪。也可以在宣泄室将自己的情绪宣泄出来，还可以通过体育活动来疏解情绪。

3. 自我慰藉法

自我慰藉法是指在择业过程中若遇见挫折和困难，要懂得自己释怀，不能执着地认为是自己的错，从而产生自卑感。坚定自己战胜挫折的信心和勇气，把遇到的挫折和困难当作锻炼自己、完善自我的机会。

4. 情绪转移法

大学生产生消极情绪时，可以将注意力转移到自己喜欢的体育运动上，也可以根据自己的兴趣和爱好，将注意力转移到自己喜爱的活动上，这样不知不觉间就能走出苦闷，变得快乐起来。

5. 自我激励法

毕业生在面试时经常会紧张、局促，此时要时刻提醒自己放轻松，并采用"相信自己，一定可以""我已经做了充足的准备，没问题的"等一系列心理暗示，提升自己的自信心，减少局促感。

小贴士

增加自信心的方法

1. 优点列举法

让自己的老师、朋友和家人说出自己的长处，将他们说的优点综合起来，做到扬长避短。

2. 能力展示法

适当地展示自己的能力和价值。例如，在自己擅长的领域适当地表现自己，吸引他人的注意力；也可以和其他人进行交谈和相处等。

3. 成功经验积累法

多参加一些社会活动和体育比赛，以及自己感兴趣的社会实践活动，在比赛和活动中找到成功的经验，不断激励自己，继续努力，从而提升自己的能力。

案例分析

有一些人认为用人单位在面试的时候会倾向于优先录用男生，但是某学校一名管理工程专业的女生小李却击败同时面试的几位男生，以优异的面试成绩被录用。谈到这段面试经历，小李认为她的成功离不开优异的学习成绩，以及在学校参加的社团的活动。她在学校曾担任演讲社团的社长，因此在面试方面有相当不错的优势。面试时她向用人单位讲解了在社团的几次经历，吸引了用人单位，从而获得这次工作机会。

思考：小李是如何被成功录取的？如果你是应聘者，你会有哪些取胜的条件呢？

○做一做○

未来完美的两天

相信每个人对生活都充满了美好的向往，写下你所希望的未来最完美的两天：一天与休闲有关，一天与工作有关。那两天你分别在什么地方？做什么事？和什么人在一起……尽可能具体地描述所想象的场景。

休闲的一天： _____

_____

工作的一天： _____

_____

用两三个或更多的词语概括这两天的生活状况（如平静的、有趣的、快乐的、激动人心的、有成就的等）。

休闲的一天： _____

_____

工作的一天： _____

_____

_____

拓展阅读

择业过程中常见心理误区

1. 矛盾心理

大学生受过良好的教育，有远大的理想和抱负，他们渴望学好专业知识，实现人生价值，但是与当下面对的现实产生强烈的冲突，一时难以接受，因而产生矛盾情绪。当前的就业市场为大学生提供了公平竞争的机会，但有些大学生在求职时畏惧竞争，缺乏自信和勇气，害怕失败。

2. 焦虑心理

随着国内各大院校扩招，毕业生的就业形势逐渐严峻，竞争激烈。再加之当下我国经济日益发展，许多新型行业逐渐占据市场，大学生面对繁多的岗位，在选择工作时容易产生焦虑心理。除此之外，大学生本身的因素也是产生就业焦虑的重要方面，如不了解自己的真正兴趣所在，不能正确看待自己的能力，没有确定职业目标、制订职业规划。

3. 依赖心理

有些大学生在求职择业的过程中，缺乏独立意识，对于用人单位是否适合自己，不能凭借自己的思考来判断，而是听从朋友、老师和父母的意见，没有自己独特的见解，人云亦云，不能自己做决断。

4. 自负心理

有些大学生不能客观地认识自己，对自己评价过高，认为高校层次高，产生了极度自负的心理。这些大学生往往倾向于大城市的企业和工作，而不愿意去基层工作。

5. 自卑心理

与自负心理相反，有自卑心理的大学生往往低估自己的知识能力，缺乏自信，对自己评价过低，自惭形秽，一般出现在性格内向、自我意识不健全的大学生身上。一般表现为在求职过程中缺乏自信，词不达意。过度自卑会导致大学生错过工作机会，使其悲观失望，不敢参与到当下激烈的就业竞争中。

6. 挫折心理

大学生一直处在学校这个象牙塔中，没有经历过社会上的挫折和磨砺，有些大学生理所当然地认为就业应该是一举成功的。但是没有什么是一帆风顺的，挫折不可避免。当缺乏社会阅历的大学生步入社会，一旦碰到挫折，就会一蹶不振，产生自我怀疑，处于消极情绪的状态中。

7. 攀比心理

有些大学生在求职择业时会和身边的同学攀比，拿他们的就业标准来定位自己的择业标准，导致心高、眼高、攀比热度高，很难客观地认识自己。大学生不能客观地评价自己，对自己认识不充分，不能进行客观、正确、公正的分析，就会和合适的职业失之交臂，使自己的生活处于焦虑紧张的状态中。

8. 从众心理

有些大学生受社会上各种思维模式的冲击，对自己的认识、判断、行为等方面表现出极大的从众心理。他们不了解自己，盲目听从别人的意见对自己的求职机会进行取舍。

第五章 提升求职技能，轻松应对面试

第一节 收集就业信息，做有准备的人

生涯故事

浙江某单位向学校发布了要来校招聘大量人才的信息，学校就业指导中心迅速公布并电话通知各学院，各学院反应不一。有的学院书记亲自打电话与用人单位联系，推荐本学院符合条件的毕业生，有的主动邀请用人单位到学院来选毕业生，有的则用特快专递寄出了学生的推荐材料。与此同时，部分学生却在等待面试通知，认为反正用人单位要来校招聘，等来了再投简历也不迟。后来，这家单位真的来了，其人力资源部负责人却非常抱歉地说："真对不起，其实，我们几天前就已到贵校，但刚跨进贵校校门，就被贵校某学院盛情'拦截'而去，晚上住在贵校招待所，闻讯而来的毕业生很多，结果我们提前招满了。"在场的毕业生后悔不已，机会就这样在等待中错过了。

思考：在场的毕业生为什么后悔？接下来他们应该怎么做？

马上行动

通过一段时间的专业学习，相信你已经对所学专业有了深入的了解，试着填写表 5-1，看看你的专业适合哪些岗位。

表 5-1　你的专业及其适合的岗位

专业名称	就业方向	岗位要求

核心知识

一、就业信息收集的内容

就业准备的关键之一是收集和掌握就业信息。毕业生要广泛地了解各种职业信息，为择业奠定良好的基础。就业信息的内容十分广泛，初次择业的毕业生应主要了解以下三个方面的信息。

（一）就业政策信息

最近几年，中央和各地方政府对毕业生就业出台了一系列相应政策，为毕业生择业提供了政策依据。

1）鼓励毕业生到基层和艰苦地区工作。各级政府为毕业生创造工作条件，主要是充实城市社区和农村乡镇基层单位，从事教育、卫生、公安、农技和其他社会公益事业。在艰苦地区工作2年或2年以上者，报考研究生的，应优先予以推荐、录取；报考党政机关和应聘国有企事业单位的，同等条件下，应优先录用。

2）党政机关录用公务员和国有企事业单位新增专业技术人员和管理人员，应主要面向毕业生，公开招考或招聘，择优录用。

3）鼓励各类企事业单位特别是中小企业和民营企事业单位聘用毕业生，政府有关部门要为其提供便利条件和相应服务。对企业跨地区聘用的毕业生，省会及省会以下城市要认真落实有关政策，取消落户限制。

4）鼓励毕业生自主创业和灵活就业。凡毕业生从事个体经营的，除国家限制的行业外，自市场监督管理部门批准其经营之日起1年内免缴登记类和管理类的各项行政事业性费用。有条件的地区由地方政府确定在现有渠道中为毕业生提供创业小额贷款和担保。

5）为毕业生办理户口和人事档案手续提供便利。对毕业离校时未落实工作单位的毕业生，本人要求户口和人事档案保留在学校的，按规定保留两年。在此期间，档案管理机构对保管其档案免收服务费用；本人要求将户口转回入学前户籍所在地的，公安机关应当按照户籍管理规定为其办理落户手续，人力资源社会保障部门和教育部门所属人才交流服务机构负责办理相关手续，人力资源社会保障部门所属人才交流服务机构免费提供人事代理服务。本人落实工作单位后，公安机关按有关规定办理户口迁移手续。

6）毕业半年以上未能就业并要求就业的，可持学校证明到入学前户籍所在城市人力资源社会保障部门办理失业登记。人力资源社会保障部门所属的公共职业介绍机构和街道人力资源社会保障机构应免费为其提供就业服务。对已进行失业登记的毕业生，有条件的城市、社区可组织其参加临时性的社会工作、社会公益活动，或到用人单位见习，给予一定报酬。对于因患病等原因短期无法工作并确无生活来源者，由民政部门参照当地城市低保标准，给予临时救助。此项费用由地方财政列支。

（二）社会需求信息

社会需求信息，即各用人单位对高校毕业生的需求情况，主要包括用人单位对毕业生的学历层次、专业、性别、人数以及所需人才的具体要求等。高校毕业生不仅要特别关注近几年地区、行业间人才的需求状况，避免把注意力集中在那些对人才需求已经饱和的地区和行业，还要关注对当年就业趋势的预测。

（三）职位相关信息

对大学生就业来说，职位的相关信息是最重要的就业信息。职位的相关信息包括以下几个方面。

1. 职位信息

职位信息包括用人单位信息、招聘岗位信息、聘任要求信息、联系人方式等。

2. 行业发展状况

不同行业随着世界经济与国内经济的变化而变化。大学毕业生应该随时关注国家的宏观政策和发展战略，及时了解和掌握与自己专业对口或相关行业、部门和单位的现状及发展趋势。

3. 所学专业的就业形势

所学专业的就业形势包括专业的培养目标、发展方向、在地区或者全国范围内的就业状况、竞争程度等。

二、就业信息收集的渠道

在当今的信息社会，缺乏资讯将会寸步难行。大学毕业生要尽最大可能广泛、全面、准确地收集就业信息。就业信息收集的渠道有以下几种。

1）学校毕业生就业主管部门。学校毕业生就业主管部门的就业信息具有准确、可靠、多样、具体的特点，是毕业生获取就业信息最直接、最有效、最主要的来源。学校的就业信息的主要来源包括各用人单位、各地方人力资源管理部门发来的就业信息，各类供需见面会的就业信息，直接到学校招聘毕业生的用人单位的就业信息。学校一般会在本校就业网站上或宣传栏中对这些信息进行发布。

2）各地人才市场及企事业单位的各种类型的"双向选择、供需见面"会。有些地区的人才服务中心或就业指导中心每年都会举办规模不等的毕业生供需见面会，在供需见面会上毕业生可以掌握较多的用人信息。

3）各类媒体。媒体是就业信息发布的重要渠道。毕业生要关注各类媒体，如网络、报纸、杂志、广播、电视等。在利用这些媒体时要注意其权威性、专业性和真实性。

4）社会实践、社会交往及实习、实训等活动。毕业生在社会实践、社会交往及实习、实训活动中可以直接与用人单位接触，更清楚地了解有关人才需求情况，也可以让用人单位更多地了解自己。

5）父母、亲戚、朋友等。通过父母、亲戚、朋友、老师、同学等渠道来获取就业信息，有时会起到事半功倍的效果。

通过就业信息的广泛收集，信息汇集越来越多，可供择业的范围越来越广。毕业生要能够根据自己的实际情况和需求认真细致地对所获取的信息进行分析，判断信息的真实性、可信性，去粗取精、去伪存真，筛选出有利于求职择业的信息，使获得的信息具有准确性、全面性和有效性，从而把握选择的主动权，抓住就业机会，为成功就业奠定基础。

案例分析

毕业生小刘在某市一家电器贸易公司应聘通过后，被要求交 360 元服装费，然后才能签合同、培训，再开始工作。交费后，她同该公司签订了劳动合同，合同上特别注明：如果因个人原因辞职或自动离职，则公司不予退还服装费。上班后，小刘因一直未被安排工作而提出辞职并要求公司退还服装费，但被对方以签有合同为由拒绝。

市人力资源社会保障部门工作人员表示，凡应聘时，用人单位提出收取服装费、押金，或以其他方式变相收费的，都属于非法行为，求职者可向人力资源社会保障部门举报。另外，遭遇诈骗后要及时报案，否则不仅本人的损失难以挽回，还会让更多的人上当受骗。

思考：小刘在应聘过程中，公司有哪些违法行为？应该怎样避免？

○做一做○

你毕业后适合做什么样的工作？为什么？你会如何获得就业信息？

_____

_____

_____

_____

拓展阅读

如何确定信息的可靠程度

信息在传递过程中由于信息来源和人为的一些因素，造成有些信息的失真，这是在所难免的，这就要求求职者必须通过查询、核实来加以修正、充实，使信息具有有效性。确定信息的可靠程度，可以通过下列方式来进行。

1）选择信誉度高的政府有关部门和学校组织的正规的招聘会求职，这样得到的信息可信度有保障。

2）审查用人单位是否办理合法招聘手续，工资是否与该岗位的社会基本工资相符，招聘岗位是否与单位经营范围相符，是否有市场监督管理部门颁发的营业执照。

3）不要被招聘职位的名称所迷惑，先仔细询问招聘人员招聘职位的详细情况，再向相关管理部门咨询，谨防招聘单位"包装"职位名称，而实际从事的工作并不是自己想象的。

4）对于网络上适合自己的信息，要在网上查找相关的资料，致电用人单位确认其真实性。也可以从网上发布的招聘信息时间来鉴别广告性质的招聘。如果连续几个月都有该单位的招聘信息、招聘职位，并且条件都没有什么大的变化，就要多加注意。

5）通过职业介绍机构所得到的信息，要认真考察这些中介单位，如查看相关证照、收费是否合理、承诺的服务是否兑现。通过正规职业介绍机构找到工作收取费用的，必须开具有效发票。

6）牢记"不掏钱"原则。按照有关规定，用人单位面试或录用时不准收取各种名目的费用，如培训费、押金、保证金等。凡是附加了报名费、考试费等条件的招聘信息，要提高警惕，多方验证，弄清楚用人单位收费的合法性。

7）对某些很吸引人，但一时无法确认真伪的招聘信息，不妨给对方发一条化名的虚假信息，故意贬低自己，如果用人单位还对你热情有加，那十有八九属于"别有用心"之类的。

第二节　知彼知己，准备求职材料

生涯故事

王同学在应聘××连锁经营有限公司之前，特意到公司设在当地的各个超市进行了一番考察，对其经营理念、市场定位、目前规模和发展目标有了相当的了解。他又从公司的宣传栏里了解到了比较详细的背景资料，并上网查阅了许多关于该公司以及其他国内外连锁经营的管理知识。在此基础上，他还认真总结整理出一份"我对××公司的九点建议"。为了争取面试成功，他专程找到一个在该公司工作的亲戚，了解到面试可能会由该公司人力资源部的部长主持。他仔细询问了部长的个性与工作作风，并知道部长爱好踢足球，于是在自我介绍中他特别加入了自己的兴趣是足球并享受团队合作乐趣的内容。面试采取的是集体面试，第一个问题便是询问求职有对××公司的了解程度。王同学从容不迫地介绍了××公司的情况并递上自己整理的"我对××公司的九点建议"，面试官连连对他点头。在随后的自我介绍中，他再次看到了面试官赞许的目光。最终他从众多竞聘者中脱颖而出获得了职位。

思考：王同学为什么能够顺利地通过面试？

马上行动

想象你马上要毕业了，有了心仪的工作意向，你会从哪些方面着手准备求职材料呢？

核心知识

一、求职材料的内容及特点

（一）求职材料的内容

求职材料的内容主要包括个人简历、学校推荐表、求职信、证书等，有时还包括老师推荐信、学历证明等。

学校推荐表在毕业生评价中具有权威性，在向用人单位推荐毕业生的书面材料中有着很大的作用。用人单位选择人才的重要依据就是表中所填写的毕业生的个人信息、学校表现、学习成绩、社会实践经历等方面的情况，它们直接关系到毕业生的应聘结果，很受用人单位的重视。

各种证书和学历证明等是指能够表现毕业生个人能力的材料，面试过程中可以用复印件作为求职材料中的佐证材料，一般面试成功后，单位会要求提供原件，所以原件一定要小心保管，以免丢失。

（二）求职材料的特点

1. 全面性

求职材料是学生综合素质的集中体现，可以反映毕业生在校期间各方面综合的情况。

2. 独特性

每个毕业生的综合实力不同，因此求职材料也应不同，具有独特性。求职材料在内容和形式上不要照搬模板，要根据用人单位的不同需求，突出重点、取舍得当，客观、真实、全面地反映自己的情况。

3. 真实性

求职材料是用人单位选拔毕业生的重要依据，其内容应真实。不真实的求职材料是有失诚信的表现，如果被发现了，不仅会给毕业生本人贴上不诚信的标签，还会给学校带来负面影响，甚至对学校其他毕业生就业也有影响。

二、求职材料的整理与包装

（一）求职材料的整理

求职材料的整理可分成以下五个阶段。

1. 求职材料搜集

搜集个人求职原始材料是最为基础的工作。应按照择业目标来搜集材料。分析就业目标所需的专业特长、知识结构和能力，注意个人能力是否符合专业特点与行业特点。

2. 分类整理

在分类整理过程中，可分五大方面整理原始材料：特长爱好材料、社会实践材料、个人简历材料、专业学习材料、奖励评论材料。

3. 检查编辑

在分类整理之后，还要对分类的材料进行检查编辑，检查材料是否有遗漏、是否有错别字等。对于材料含糊甚至与实际情况有出入的，一定要撤除或修正。

4. 汇总分析

检查编辑完之后，要集中同类型的材料并分析评估材料的使用价值，分清主要材料和次要材料，列出来以便于编撰时使用。

5. 合理编撰

在编撰求职材料的过程中，应结合用人单位和所应聘目标的具体情况，做到有的放矢，充分体现自己的优势与特长。

（二）求职材料的包装

当根据不同的应聘目标编写完成求职材料的主体部分后，就要对其进行包装了，即完成求职材料和封面的设计。封面设计的基本原则是醒目、整洁、美观、大方。封面的设计风格要与求职材料的风格一致。同时封面设计中最好体现出求职者的年级、姓名、专业、学校等基本内容。最好采用 A4 标准纸，装帧不要过于华丽，要保持整洁明快。

三、求职材料的投递

常见的求职材料投递方式有直接投递、邮寄投递、网络投递三种。其中，直接投递是在用人单位现场招聘的时候完成；邮寄投递是根据搜集到的就业信息通过邮寄的方式投递个人简历；网络投递则是通过电子邮件等网络渠道将个人资料以附件形式发给用人单位，是当下十分实用的一种投递方式。

（一）网络投递注意事项

通过网络投递的简历最好采用纯文本格式，有一些小技巧可供参考：①注意设定页边距，使文本的宽度在 16 厘米左右，这样简历在多数情况下不会换行；②招聘人员要阅览大量电子简历，字体字号的选择要让其感到舒适；③可以用一些特殊符号来分隔简历内容，让排版更加清晰。

在电子简历中一般不要附发表作品或论文，因为借由电子邮件附件传播病毒的可能性是一直存在的。另外，用人单位一般不会仔细阅读附带的作品。

在申请同一用人单位的不同职位时，应该发两封不同的电子简历，这样做也是强调针对性，因为有些求职网站的数据库软件能自动过滤掉第二封信件。

在发送电子简历时要错过高峰期，上网高峰一般在中午至午夜，这段时间传输速度非常慢，而且有可能出现错误信息。

发送简历后，要与用人单位保持联络。求职不可能都是很顺利的，即使不被录用，最好也发个电子邮件表示感谢，以便今后联络。

（二）加强保密意识

随着就业竞争压力的增大，毕业生采取的求职方式也日趋多样化，同时也产生了不法分子通过窃取毕业生的个人资料进行违法犯罪活动的现象。因此，毕业生必须注意加强保密意识，不要让违法犯罪分子有空可钻。

求职材料中无特殊需要，不要轻易留下身份证号码和父母、亲朋好友的电话等重要信息。

招聘会现场不要随意丢弃记录个人信息的资料。求职者在招聘会现场填写求职信息登记表时，最好在招聘会现场专设的填表区域填写，同时要注意周围是否有人在长时间观看。如果填表错误，不要不做任何处理就随意丢弃。网上求职时不要随意公开自己的重要信息。在接到陌生单位打来的电话时，要详细了解对方的情况，如对方名称、经营范围等并进行核实，然后再做判断。求职被骗时要及时与公安机关或相关机构联系。

四、求职信与个人简历

（一）求职信

求职信是一种自我推荐的信件，可以表达求职意向和展示自身能力，期望引起用人单位的注意和重视。求职信是求职材料的第一项内容，好的求职信能够吸引招聘人员继续关注求职者的其他材料。

求职信是交寄给用人单位的，较为正式，因而它与书信既有相同之处，又有不同之处。

1. 求职信的格式和内容

求职信是书信范畴的一种，基本格式应当符合书信的要求，主要包括标题、称谓、正文、结尾、署名和日期、附件等六个方面的内容。

（1）标题

求职信的标题一般直接采用"求职信"三个字即可，书写于第一行的居中位置。

（2）称谓

称谓是对信件接收人的称呼，即信件接收单位的名称或信件接收者的姓名，书写于标题下方第一行顶格处。若不知道具体的接收人姓名，可在单位名称后加"负责同志"；若知道收信人的姓名，可在其姓名后加"先生""女士""同志"等。在称谓后加冒号。求职信与一般私人信件不同，信件接收者是未曾见面的人，因此称谓一定要恰当、正式。例如，如果招聘启事上明确标注了负责招聘人员的信息，可以将其姓氏和职务作为求职信的称谓。

（3）正文

正文要在称谓后另起一行，空两格开始书写。若求职信的正文内容较多，可分段书写。

第一，写明求职的原因。简要介绍求职者的个人基本信息，如姓名、性别、年龄等，然后写自己是通过什么渠道获得招聘信息的，以及写信的目的。例如，"我叫张三，男，今年 22 岁，是 A 大学财会专业一名本科应届毕业生。在 B 招聘网站上看到贵公司正在招聘会计专员的招聘信息，不胜喜悦。综合自身的能力和水平，不揣冒昧地毛遂自荐，相信贵公司定能慧眼识人才，期待能够成为贵公司一名合格的会计人员"。这既是求职信的开端，也代表着求职过程的开端，简明扼要地介绍自己的具体情况，以及求职意向。为了吸引收信人继续阅读求职信，求职信的开端要简明扼要，态度诚恳、明朗，且有吸引力。

第二，要表述自己对求职岗位的看法，并对自己能够胜任该岗位的能力做出客观的评价，这是求职成功的关键。要重点介绍自己能够胜任此岗位的各种有利条件，突出自己的优势，使对方信服。例如，"我于 2017 年 6 月以优异的成绩毕业于 A 音乐学院舞蹈专业。在校期间，曾获得省级舞蹈比赛一等奖，舞台经验丰富。在官网上了解贵公司的基本情况后，对贵公司的平台、环境、管理风格非常认同，钦佩公司领导和员工的敬业精神，欣赏公司运营管理方面完整、可行的规章制度。我十分向往在这样的环境和企业中展示自己、锻炼自己，更愿意为公司的继续发展贡献自己的力量和想法。我坚信，通过我的努力，一定会为公司创造更多的价值"。撰写这部分内容时，语言要精练、恰到好处，态度要谦虚中肯，不卑不亢，使求职信能够达到见字如面的效果，给信件接收人留下深刻的第一印象，进而认可求职者的能力，相信求职者能够胜任该职位。总之，这部分的撰写要具有说服力。

第三，向用人单位或求职信接收人提出希望和要求。例如，"我希望能够给我一次与您面谈的机会"，或者"期盼您的答复"，或者"静候佳音"等。这部分属于求职信正文内容的收尾部分。要注意的是，提出希望和要求要适可而止，不可苛求对方，更不要啰唆。

（4）结尾

正文结束后另起一行，空两格书写求职信的结尾，通常要写表示感谢和敬祝的语句，如"此致"之类的词语，然后换行顶格书写"敬礼""工作顺利""顺祝商祺"等祝语。注意结尾的两行词语不加标点符号，且不必过分寒暄，不要画蛇添足。

（5）署名和日期

结尾部分完成后，另起一行居右侧书写求职者的姓名，并将写信的日期书写于姓名的下方。注意姓名前面不要加谦称或者限定语，避免造成阿谀奉承之感；日期要包括具体的年、月、日。

（6）附件

附件是帮助用人单位和信件接收人鉴定求职者能力的有效凭证，是求职信中不可忽视的重要组成部分。要在求职信的结尾处标明附件内容，例如，附件"1.成绩单 2.英语六级证书 3.会计从业资格证……"然后将附件中提到的资料复印件按照标注的顺序进行装订，随求职信一同寄出。附件不需要太多，但要添加有价值、含金量高的附件，以证明求职者的能力和才华。

2. 求职信的写作技巧

（1）真诚的态度

写求职信时，要注意自己是一个求职者，应表明对用人单位及所聘职位的一种渴望，而不是对用人单位的施舍。要写出自己的能力和将来可能为用人单位带来的价值。另外，要诚恳礼貌，切忌炫耀浮夸、自吹自擂或虚弱怯懦、缺乏自信。

（2）文字整洁美观

整洁美观的文字能获得用人单位的好感，如果字迹潦草，则会给用人单位留下不好的印象。当前有很大一部分毕业生用计算机打印求职信，但如果毛笔字或钢笔字写得很好，则最好用毛笔或钢笔工工整整地书写，这样能给人一种亲切感，也可以巧妙地向用人单位展示自己的特长。不管手写还是打印，都应注意言简意赅。一般而言，求职信以A4 的纸张一页为宜，不宜超过两页。

（3）富有个性

力求吸引对方、引起对方兴趣是求职信的重要目的，所以求职者应尽量避免客套话、空话、大话。自己胜任工作的条件是求职信的核心部分，但并非多多益善，而是要有针对性。要着眼于现状，用事实和成绩恰如其分地、有针对性地介绍和突出自己的特长。求职信与用人单位要能够一一对应。有些毕业生一"信"多投，本来想"广泛撒网，重点打捞"，结果却石沉大海，杳无音信。所以，如果用计算机打印求职信，可以多准备几份，根据不同的用人单位选择不同的求职内容，这样才能察其所需，投其所好，争取到面试机会。

（4）以情动人

求职信要以情动人，融入自己的情感。要态度诚恳，言出肺腑，优点要突出，缺点不隐瞒，内容实事求是，言而可信。只有"诚"才能取信于人，得到用人单位的重视。

求职信范例

尊敬的××处长：

您好！

我是一名市场营销专业的应届毕业生，很感谢您在百忙之中来审阅我的材料！

作为一名渴求有所作为的年轻人，贵单位良好的公众形象和发展前景深深吸引了我。

学校四年，我系统地学习并掌握了营销管理、营销策划、营销战略、广告学等相关专业知识，并不断地通过自学来拓宽自己的知识面，广泛涉猎金融、会计、法律、计算机等领域的知识。一分耕耘、一分收获，我先后获得三次系"三好学生"、一次院"三好学生"和"优秀学生干部"等荣誉称号，英语通过四级，计算机通过二级。

"纸上得来终觉浅，绝知此事要躬行。"我积极参加学生会工作和各种社会实践活动。在担任院学生会编辑部部长期间，我全面负责院刊《财院青年》《院团学工作反映》的编辑工作。此外，我还结合本专业的要求，抓住各种机会，赴各地进行调研，帮助企业、商家进行营销策划或产品推广，使自己的组织协调能力和专业能力有了实质性的提高。

"长风破浪会有时，直挂云帆济沧海。"背负着沉甸甸的责任和期望，我真诚地等待着您的检阅，期盼着能为贵单位贡献自己的绵薄之力！

祝您和贵单位事业兴旺发达、蒸蒸日上！热切期盼您的回音！

　　此致
敬礼！

自荐人：××
××××年××月××日

（二）个人简历

1. 个人简历的书写原则

（1）真实

简历最基本的要求是真实，真实的记录和描述能够使阅读者产生信任感。有的毕业生为了达到较好的效果，故意遗漏某段经历，造成履历不连贯或对经历夸大其词、弄虚作假，这样很容易被阅历丰富的招聘人员识破。费尽心机修饰的简历，经不起面试的考验。

（2）完整

完整并不是不分主次。要根据用人单位和职位的要求，巧妙地突出自己的优势，给用人单位留下深刻的印象，在短时间内使一个陌生人了解到自己的基本情况。通常一份完整的简历应当包括姓名、年龄、性别、家庭住址及户口所在地、联系方式、特长、爱好、求职意向、工作经历、专业、自我评价、教育背景及学历、外语水平、计算机水平以及其他重要或特殊的对求职有价值的经历等。

（3）简洁

招聘人员每天要面对大量的求职简历，浏览每份简历所用的时间通常不超过一分钟。因此，言简意赅、流畅简练、令人一目了然的简历是最受欢迎的。应届毕业生的简历一般要求简洁、清晰，篇幅不超过一页纸。撰写简历前应对用人单位和职位要求进行必要的分析，有针对性地设计简历。

（4）规范

简历行文要准确、规范。不要使用拗口的语句和生僻的字词，更不要有病句、错别字。简历的句式以短句为好，文风要稳重、平实，以叙述、说明为主，不可动辄引经据典、抒情议论。英文简历的撰写要特别注意，不要出现拼写和语法错误。写简历时，有的毕业生喜欢使用文学性的修饰语，如"学校毕业，我毅然走上工作岗位""而今学校毕业，我热切期待着一个共创辉煌未来、大展宏图的良机"等，这样的简历，只能让人觉得其涉世未深，很稚嫩。

（5）美观

一份好的简历，好的版面设计也很重要。版面设计的基本要求是排版端庄美观、疏密得当、标识明显、字体大小适中、条理清晰、段落不要过长。不要出现某一页纸上只有几行字，留下大片空白；也不要把简历排得密集局促，令人看得吃力。还要注意版面不要太花哨。

（6）诚恳

行文中所表现出的语气要自信、礼貌、诚恳、谦虚。陈述时要客观评价自己的优势，客观陈述自己尚未参加工作，在工作经验方面有些不足，既不妄自尊大，也不妄自菲薄，这样反而更能赢得用人单位的好感。

2. 个人简历的结构

第一部分：基本情况介绍，包括姓名、年龄、性别、民族、政治面貌、住址、户口所在地、联系方式等。注意一定要保证电话的畅通，以免错过好的机会。

第二部分：求职意向和自我评价。要符合职位要求，求职意向要与所应聘的职位一致。

第三部分：教育背景。对应届毕业生来说，如果没有工作经验，写完求职意向和基本情况就可以写教育背景了。教育背景包括学校的名称、所学专业和主要课程、学习的时间、取得的学历和学位等。

第四部分：培训经历。写出参加过的培训经历，最好和所应聘的职位有关，如果没有可以不写。

第五部分：实践经验。写出在校期间参加各种实践活动的经历，如有哪些兼职、参加过哪些公益活动、在校担任过哪些职务等。实践经验能很好地说明自己具备相关的工作能力，这对没有参加工作的毕业生来说是非常重要的，可以将其视为工作经验。

第六部分：所获荣誉。如果没有，这一部分可以不写。

第七部分：所获证书。除学历证书和学位证书之外的证书，如计算机等级证书、英语等级证书、从业资格证书等。

第八部分：爱好特长。关于运动、技能、艺术等方面的内容都可以写，但要具体，不要泛泛而谈。例如，对于擅长的运动，可以具体写擅长足球、羽毛球等。

案例分析

小卓是湖南人，毕业于应用心理学专业。毕业后，她从事过几份关于教育、文字类的工作，后来辗转到另一城市发展，但当地对应用心理学相关人才有需求的用人单位并不多。几经应聘失败，迫于生存的压力，小卓草草地找了一份文职类工作，后来又换了两家企业仍做文职工作。最近的一份工作较为稳定，但是她一直没有放弃对所学专业知识的追求，工作期间她还利用业余时间参加心理咨询方面的培训，并时时留意此专业人才在该城市的职位缺口，但简历投了多次，一直收效甚微。

小卓觉得自己在面试的时候是没有问题的，至少以前的教育、文职类工作的面试她都没有失败过。小卓不想在自己的职业道路上偏离所学专业越来越远，故而开始寻找自己求职的问题所在。她找了职业顾问帮忙分析，职业顾问告诉她，在简历这块敲门砖上，她下的功夫不够。

思考：小卓为何屡屡受挫？她应该怎样修改自己的简历？

○做一做○

做一份求职简历，两个人一组互相指出对方需要改进的地方。

┌─拓展阅读─────────────────────────────

巧识就业信息陷阱

信息既蕴藏着机会，又可能潜伏着陷阱，有时无比珍贵，有时却一文不值。在信息处理时，要特别注意对信息的真实性、可信度进行鉴别和判断，当心虚假信息，识破就业陷阱。下面是一些常见的虚假的招聘信息。

1）"作秀"招聘。高薪求贤，重金礼聘，引起社会轰动，实际是企业做的"另类广告"，进行自我炒作。

2）骗钱招聘。其实是"招钱不招人"，通过收取报名费盈利。一些不法分子利用求职者急于找到工作的心理，要求求职者交一定数额的报名费或保证金，之后告诉求职者招聘职位已满，钱却不再退还。

3）骗"力"招聘。有些单位招取一批员工，以极低的报酬试用 3～6 个月，等试用期满了就找各种理由辞退，又继续招下一批。这样一来，求职者白白做了几个月的廉价甚至免费劳动力。

4）骗"智"招聘。要求应聘者设计程序、完成项目或介绍客户、推销产品等，以此作为聘用考试，然后再找种种理由推脱，通过这种欺骗手段将应聘者的劳动成果据为己有，为己所用，剽窃他人智力。

5）骗"色"招聘。这类信息主要针对女生，如以招聘女秘书等为幌子，将应聘者带至僻静处或私人场所去面试，伺机行不轨之举。

6）掩人耳目的招聘。实际上招聘的职位已经内定好人选了，为了对外显示公平竞争而假装公开招聘，其实应聘者只是陪衬。

7）无条件的招聘。不要求任何条件的招聘信息要特别小心。这些信息对应聘者的学历、能力不做任何要求，往往隐藏着不可告人的目的。

8）合同陷阱。有些用人单位采取欺诈、胁迫等手段设置陷阱，迫使毕业生签订就业协议或劳动合同。

└──────────────────────────────────

第三节　树立职业形象，熟悉职场礼仪

生涯故事

小侯大学毕业后，投了几十份简历才获得面试机会。这家单位是人力资源咨询公司，面试方法也与众不同。小侯除了回答问题，还在计算机上做了大约三个小时的测评题，

面试结束后，用人单位让他在两天之内等通知。因为小侯以前有过一年多的人力资源工作的经验，所以主管将他的名字列在录取名单中，等待与公司领导研究后再确定。第二天下午，心情急切的小侯打电话给用人单位说："公司录不录取我没关系，能否把测评结果给我？"接电话的主管愣了一下和蔼地告诉他："测评结果只是公司用来选拔人才的，不给个人。"小侯接着又补充了一句："录不录取我没有关系，我只想要测评结果，因为我测评了三个多小时呢。"放下电话，主管立即将录取名单取出，划掉了小侯的名字。

思考：小侯为什么没有面试成功？如果是你，你会怎么做？

马上行动

将你心目中各种职业对应的职业形象填入表5-2中。

表5-2 各种职业对应的职业形象

职业	职业形象
信息技术工程师	
厨师	
酒店服务员	
教师	
金融业分析员	
销售员	
⋮	

核心知识

一、树立职业形象

（一）建立良好的第一印象

人们通常所说的第一印象，心理学上有个专业术语——首因效应，即在人们首次接触某人或者某物时会留下深刻印象。第一印象在人际交往中常常发挥着决定性作用，俗话说"先入为主"，便是这个道理。建立良好的第一印象，应注意以下两点。

1. 注意外表和体态语言

虽说人不可貌相，但是在人际交往中，外表整洁利落的人更容易让人关注和信任。人的身材、衣着、服饰、发型和体味等都是塑造外表的关键因素。一个人内心状态如何，通常表现在脸上。人的面部表情是一个人内心状态的"晴雨表"，在与人交谈时，要尽量保持微笑。人的眼睛是心灵的窗户，在与人打招呼时，要学会调节和运用视线，避免眼神放空、出现让人误解的眼神。在听人讲话时，眼睛要正视对方，这是对他人的尊重。人的肢体动作体现出个人的情感和态度，无论是在站姿、坐姿还是走姿上，每个人的行为习惯都各不相同，要纠正自己不当的动作习惯。除此以外，要事先了解对方的特点，有针对性地设计自己的语言体态和讲话方式，这有利于在人际交往的过程中建立良好的第一印象。

2. 了解自己的长处

在日常生活中，每个人都想维护好自己的形象。人们通常会自我感觉良好，但是能够客观评价自己、如实了解自己优点的人却并不多。有的人不是过分得意自己的长处，就是错误地理解了自己的所谓优点；也有的人虽无过人优势，却对自己的优点和缺点了如指掌，能够做到扬长避短。在人际交往中，可以恰到好处地表现自己的优点，并使之符合对方的期待和看法，以更好地促进建立良好的第一印象。

（二）学会印象管理

印象管理是一种人们试图让他人对自己形成某种印象的过程。无论是否愿意，每个人都会给别人留下一种印象，而这种印象可能会影响工作中的升迁、商业活动中的交易和人际交往中的关系程度，并最终影响人的自尊、自信和生活幸福感。那么，印象管理的方法和技巧都有哪些呢？一般有以下几种。

1. 学习成功人士进行装扮

每一个行业都有自己的着装要求。对于刚入职的新人来说，应该事先了解该行业或者企业的文化氛围以及所处的办公环境要求，语言谈吐和行为举止要与企业和职业相符。

2. 培养成熟稳重的气质

在日常生活中，要学会控制情绪，避免出现哭泣、生气等一系列情绪失控的现象。因为那样不但令自己显得心理脆弱、缺乏自制力，更会让人怀疑自己的心理承受能力和工作能力。相反，言谈中的幽默、自信、智慧和豪气，会使人显得果断可靠、成熟稳重。

3. 管理好自己的办公环境

良好的办公环境有助于提升工作效率，管理好自己的办公环境，就等于告诉同事和领导自己是一个勤奋敬业的人。要有一个井然有序的办公桌，桌面上要尽量少放杂物；要经常擦拭办公桌椅，不要出现积灰。此外，还要注意营造办公软环境，不轻易传播道听途说的消息，少打听"小道消息"，不要把自己变成搬弄是非的人。

4. 善于沟通，主动把好印象留给他人

与他人积极沟通，就会把自己的优点在不经意间传递给对方，能够使"好印象"快速确立下来。要时刻保持主动与上级沟通的意识，不要只顾埋头工作而忽视与上级的沟通。同事之间的沟通要注意方式方法，尤其是要采取真诚合作的态度，凡事以大局为重，出于公心；说话要简明扼要，表达自己的意见和态度时善用建议。

二、熟悉职场礼仪

（一）着装礼仪

1. 着装礼仪原则

（1）TOP 原则

国际通用的着装规范是 TOP 原则，T、O、P 分别是英文 time（时间）、occasion（场合）、place（地点）三个单词的首字母。TOP 原则的含义是要求人们在选择着装时，应兼顾时间、场合、地点，并应力求使着装及其具体款式与着装的时间、地点、目的协调一致，较为和谐般配。

1）时间。从时间上讲，着装要考虑时代、四季和一天中不同时间段的变化。例如，冬装讲究保暖、御寒；夏装要注意通气、吸汗和凉爽。工作着装以庄重大方为原则。如果有社交或公关活动，则以典雅端庄为基本着装格调；晚间的宴请、舞会、音乐剧等正式社交活动，着装以晚礼服为宜，以形成高雅大方的礼仪形象。

2）场合。从场合上讲，着装应符合自己扮演的社会角色。服饰作为一种特殊意义的交际语言，能够传达特定的信息。服饰语言展现了自我形象，显现了一种文化价值观，特别是在涉外交往中，服饰可以折射出一个民族的生活方式和精神面貌。

3）地点。从地点上讲，在不同的地点有不同的着装款式，即特定的环境应配与之相适应、相协调的服饰。例如，员工在工作单位，服饰应当符合本单位、本部门的规范，做到正规、干净、整洁、文明。通常来说，把拖鞋穿进办公室和社交场合是与环境不相符的。置身在室内或室外，驻足于闹市或乡村，停留在国内或国外，身处于单位或家中，在这些不同的地点，着装的款式理当有所不同。

（2）着装统一原则

着装应与职业、场合、交往目的和对象相协调。工作时间着装应遵循端庄、整洁、稳重、美观、和谐的原则，能给人以愉悦感和庄重感。职业着装和精神面貌的统一可以体现单位的工作作风和发展前景。现在越来越多的组织、企业、机关、学校开始重视统一着装。例如，学校统一着装能体现学校的良好风貌，展现学校的良好教育管理模式，也可以避免出现同学之间互相攀比炫耀等情况。

（3）着装适度原则

着装应符合社会的道德规范和常规做法。在正式场合，切忌袒胸露背、内衣外露、穿低腰裤、有意穿紧身衣服。

2. 选择服装的依据

服装可以美化人体，但并不是说任何服装都适合任何人，而是需要遵循一定的着装规律，这样才能在视觉上呈现出得体、和谐、具有美感的服装效果。

（1）整洁平整

高档华贵并不是选择服装的唯一标准，关键是要保持整洁，只有这样穿起来才能显得大方得体，神采奕奕。整洁并非完全为了自己，更是对他人的尊重，这也是良好仪态的第一要务。

（2）色彩技巧

不同色彩给人以不同感受。例如，深色调或冷色调的服装在视觉上会产生收缩感，更具庄重严肃感；浅色调或暖色调的服装在视觉上更具有扩张感，会使人显得轻松活泼。可以根据需要进行选择和搭配。

（3）体形要素

为了使衣着更具美感，还应该结合自己的体形特点与局限选择合适的服装进行搭配，从而达到理想效果。体形偏瘦的适宜选择衣领有褶皱、腰周略显宽松、配有饰边的衣服；体形偏胖的人适宜选择腰身合体、线条简洁的衣服，避免紧身衣；身材矮小者适宜选择高腰、短款外套和背心，靠近面部的衣服可配饰物，避免穿着过于宽松。

（4）肤色特点

结合自己的皮肤特点来选择服装颜色，可以达到映衬肤色的目的。

1）白皙皮肤。白皙皮肤与大部分颜色具有适配性，尤其是黄色系与蓝色系，最能使整体显得明艳动人。

2）深褐色皮肤。茶褐色系适合肤色较深的人，这可以使人看起来更有个性。墨绿、枣红、咖啡色、金黄色都会使人看起来自然高雅，相反蓝色系则不适合这类人。

3）淡黄或偏黄皮肤。蓝色调服装适合皮肤偏黄的人，如酒红、淡紫、紫蓝等色彩可以使面容更加白皙，但最好不穿强烈的黄色系（如褐色、橘红等），这样可以避免脸色变得暗淡无光。

4）健康小麦色。拥有小麦色的女性会给人一种健康活泼的感觉，尤其是黑白这种具有强烈对比的搭配特别适合他们。深蓝等沉实的色调，还有桃红、深红和翠绿等鲜艳色彩可以使人的开朗个性更加突出。

（5）饰物点缀

饰品的巧妙佩戴可以起到画龙点睛的作用，为女性增添色彩。细小的项链适合身材矮小的人；身材矮小、粗壮的人，要避免把腰饰露在身外；身材苗条而高挑的人，对大部分的配件具有较高的适配度，但是不宜从头到脚全副武装，否则会显得过于累赘和俗气。

（6）配套齐全

除了主体衣服之外，鞋袜手套等的搭配也要多加考究。袜子以透明近似肤色或与服装颜色协调为好，带有大花纹的袜子难登大雅之堂。正式、庄重的场合不宜穿凉鞋或靴子，黑色皮鞋是适用最广的，可以和任何服装相配。

（二）仪态礼仪

仪态亦称仪表，指人的容貌、衣饰、举止、谈吐、态度、风韵等。除容貌具有先天性，又得后天的保养、锻炼外，其他仪态都在生活实践和学习、模仿、自检中形成。以下是一些基本的仪态礼仪。

1. 眼神交流

眼睛是人的心灵之窗。对每个人而言，眼神对于人的心理活动的展示最明显、最自然且最准确，眼神的魅力是无穷的。对大多数人而言，有约87%的信息来自视觉，仅有10%左右来自听觉。因此，最能揭示一个人内心秘密的洞察点便是眼神，而内心情绪的直接传达也是来自眼神，人的深层心理通过眼神的微妙变化反映出来。

眼神的运用是一种高超的艺术，眼神运用得恰到好处，可以让人在社交场合中倍增魅力和风采。眼神的运用技巧有如下几点。

1）注意视线接触的角度，即眼神的方向。

2）注意把握视线接触的长度，即眼神停留的时间，交谈时视线接触对方脸部的时间应占全部谈话时间的30%~60%。

3）注意把握视线接触的对象，即目光停留的当事人，双目连续对视在10秒钟以内为佳。

4）注意善用眼神的变化，即在不同语境和场合使用不同的眼神。

2. 微笑

微笑可以表达一个人的友好和礼貌。在人际交往时，温和含蓄、富有活力的表情有助于打破人与人之间的心理障碍、消除对立情绪、建立信任友好的关系。微笑是人所有表情中中性偏积极的表情，代表着礼貌与尊重、自信与力量、真诚与理解。

微笑的时候要发自内心，目光友善、真诚、亲切，表情自然。微笑的时候以露出6~8颗牙齿为宜，嘴角微微上翘，眼睛要礼貌地正视对方，不左顾右盼、心不在焉。有目光的接触即要送上真诚的微笑。

3. 姿态端正

形体姿态包括站姿、坐姿、走姿等。

（1）站姿

在日常生活中，站立是一种最基本的举止。站姿是人静态的造型动作，发展人的不同动态美的基础和起点是站姿的优美和典雅。优美的站姿可以表现出个人的自信以及美好的气质和风度，并给他人留下美好印象。以下是站姿的注意事项。

1）忌身躯歪斜。在站立的时候，如果头偏了，肩膀斜了，腰斜了，两腿弯曲，膝盖不直等，整个身体都歪了，不仅会直接破坏人体的线条美，还会让人觉得没有精气神，不利于个人职业形象的建立。

2）忌弯腰驼背。如果一个人从不运动，缺乏锻炼，身体状态不佳，在站立的时候就会出现颈部弯曲、胸部凹陷、腹部挺出、弯腰驼背等不良体态，整体体现出一种颓废衰老的感觉。

3）忌双腿叉开过大且随意乱动。不管在哪种场合，站立时都切忌双腿叉开过大，否则会显得很不雅观。此外，站立时的不稳重并伴随着各种小动作，或是不断移动双脚，或是将手臂甩来甩去，都会显得个人无素质，同时还会降低别人对自己的信任感。

4）忌趴伏倚靠。站立时靠在桌子边、倚在墙角、扶着东西、踩着物件等不雅姿态，会给人留下自由散漫的印象，在职场中会给人一种不信任感，令人不放心交付工作。

5）忌双手乱放。站立时应双手交叉放于前面或者背后，安静地站立。切忌把手插进口袋，摇摇晃晃，或者双手抱于脑后、双肘支于某处、手托下颌等，这些都是懒散的表现。

（2）坐姿

文雅、端庄的坐姿，可以给人以沉着、稳重、冷静的感觉，而且也是展现自己气质与修养的重要形式。以下是坐姿的注意事项。

1）遵循"左进左出"的原则。身体从椅子左侧至座位前轻轻入座，起座后也是从椅子左侧离开。

2）入座轻缓，起座稳重。入座的动作幅度要小，不能太快或太慢、太重或太轻。动作太快会显得没有教养；太慢又会显得太过懒散；太重易给人粗鲁不雅的印象，还会因撞到座位而制造出噪声；太轻会给人太过谨小慎微的感觉，不够大气。因此，落座时应大方自然、不卑不亢。

3）不要坐满椅子。在坐椅子时应留有部分空间，不要坐满整个椅子，这样落座后身姿挺拔，有精气神，可坐椅子的三分之二。

4）架腿时应将腿自然垂落，切忌脚尖朝天。穿短裙的女士一般不要架腿，防止走光。

（3）走姿

走姿呈现出人体的一种动态，延续了站姿。良好的走姿能够展现人的动态美。以下是走姿的注意事项。

1）忌"外八字"和"内八字"。

2）忌松散无神，弯腰驼背，摇头晃肩。

3）忌精力不集中，到处乱看，扭腰摆臀。

4）忌脚不离地，在地面上摩擦，或走路时踮脚。

5）忌走路时对别人指指点点，议论纷纷。

6）忌走路时双手插裤兜，摇头晃脑。

4. 举止得体

行为举止影响着他人对自己个人形象的判定。行握手礼时，身体立正，面带微笑，目视对方，右臂自然向前伸出，高度约与对方腰部持平，右手四指并拢，拇指张开，上身微前倾，虎口相交与对方相握，边握手边说"你好！见到你很高兴""欢迎您""恭喜您""辛苦啦"等。递交名片时应提前准备好，放在方便取出的地方。名片拿出后本人要检查是否拿对或者是否干净。在递名片时应起身站立，直视对方，用双手或右手的拇指和食指握住名片的前端，名片的文字正面方向应与对方视线方向一致，以齐腰的高度恭恭敬敬地递上名片，同时报上自己的姓名或加寒暄语。同时向多人递名片时，也要注意"由尊而卑、由近而远"的先后顺序，先上级、长辈、女士，或从左到右依次递送。

（三）会面礼仪

称呼是人们在日常交往应酬中所采用的彼此之间的称谓语。称呼表示人与人之间的关系，可以显示一个人的修养，在一定程度上也能够反映社会风尚。称呼总的要求是得体、有礼有序、入乡随俗，并且要符合身份。打招呼的一般规则如下。

1）打招呼要得体、适度，并且要遵循原则：男性先向女性致意，年轻的不管男女均应首先向年长者致意，下级应向上级致意。两对夫妇见面，女性先互相致意，然后男性分别向对方的妻子致意，最后男性互相致意。

2）在各种生活场景中，女性均应主动微笑点头致意，以示亲和。对熟人不打招呼或不应答向自己打招呼的人都是失礼的行为。

（四）言谈礼仪

工作中，人们离不开说话。提高职业素养的基本要求是掌握说话的礼仪。在与人交谈时要注意以下几点。

1）注意语速语调的适中，要做到缓急有度，给机会让对方品味和思考。

2）尽量寻找对方感兴趣的话题，使谈话中的双方有一个基本的共同思路。在谈话的过程中不能自我卖弄，老是滔滔不绝地炫耀自己。

3）注意调节谈话气氛，时刻注意对方的反应，眼睛要看着对方，不时地征询对方的意见，给予对方发表观点的机会。

4）多人交谈时，不要只把注意力集中在其中一两个人身上而冷落他人，要不时地与在场的其他人攀谈，或者以目光交流，兼顾他人。

5）要专注地倾听对方说话，辅以表情、手势、颔首等，以示听清或者赞同，若能适时插一两句简短的话，效果会更好。

6）商务交谈中还要注意交谈的空间距离。关系密切的朋友之间交谈距离一般控制在半米左右，一般熟人之间的交谈距离为 1 米，陌生人之间的交谈距离则需要保持在 1 米以上。

（五）电话礼仪

电话是一种便捷、特殊的交往方式。电话沟通很便捷，无论两个人相距多远，通话时都犹如近在咫尺；说它特殊，是因为彼此"只闻其声，不见其人"。因为是靠声音交流，所以打电话和接电话都要格外注意音量、语气及谈话内容，以便给对方留下良好的印象。

1）音量适中。在谈话过程中声音不应太大，不要让对方感觉震耳欲聋，但要确保对方听清楚。发音和吐字要清晰。

2）语调温暖柔和。通话时要热情友好，具有理性情感的电话沟通会让人感到很舒适。

3）语言简洁，节省时间。随着生活节奏的加快，人们的时间观念也越来越强，所以在通话时要注意语言清晰有条理，内容具体、简洁，做到用尽量少的时间表达完整的含义。

1. 打电话礼仪

打电话要注意以下礼仪。

1）选择合适的时间。白天应该在早上 8 点以后，节假日最好在 9 点以后，晚上应该在 10 点之前，以免影响他人休息。打电话到国外，需要注意时差和生活习惯。

2）注意通话时间。通话时间通常为 3～5 分钟。如果通话时间超过 5 分钟或者电话内容较多，则要提前告知对方会占用其较长时间。

3）找出对方的电话号码并正确拨打。如果不小心拨错了，则应向接听者道歉说"我很抱歉""打扰你了"等，不要没有任何解释就挂断电话。

4）拨通电话后，用语要规范。通话之初，应先向对方问好，然后立即简要报出自己的身份和姓名及要通话的人名，如"您好！我是××公司的××，请帮忙找××先生接电话，谢谢！"。若要找的通话人不在，请求转告时，留言要简洁明了，讲清自己的姓名和电话号码。

5）通话结束时要礼貌。打电话的人应该先完成话题。最后应该说一些结束语，如"请""麻烦你""打扰你""请赐教""谢谢""再见"和其他礼貌的话。

2. 接电话礼仪

1）当听到电话响铃时，应立即准备接听电话。电话响两次或三次时接听为宜。工作中，当电话响铃很长时间还没有人接听时，会给人一种不礼貌的感觉。

2）如果是工作电话，切忌在吃饭或大笑时接听；否则，通话的另一方通常会对接听电话的人感到反感，产生不良印象。当接听电话时，应认真听对方讲话，并不时用"嗯"和"是"给予对方正面的反馈。

3）接听电话应首先问候"你好"，再报上单位的全名或标准缩写及个人姓名，以便对方了解通话是否正确。然后问对方要找谁。

4）正确记录打电话者想传达的内容。

5）如果自己手头工作正忙，不能和对方长谈，则可委婉地告诉对方等会儿再打。

6）通话结束后，让对方先挂断电话。当电话结束时，可以向对方询问："还有什么？"最后可以说"再见"，等到对方挂断电话后再放下电话。

案例分析

小芳新买的某品牌计算机出现了故障。她忘了该品牌的维修电话，于是从查号台查到电话后打了过去。一位实习客服接听了电话，她犹豫几秒钟后说道："我帮你找人来，你稍等。"谁知这一等就是好几分钟。小芳能听到办公室嘈杂的声音，但就是没人再接电话，那位客服好像也不知去向。她非常生气，从此对这个品牌的印象大打折扣。

思考：两人的对话有什么问题？如何礼貌地拨打和接听电话？

○做一做○

假如你想去某公司应聘，对方人力资源部门的工作人员要和你电话联系，你会在电话中如何表现？

拓展阅读

拜 访 礼 仪

一、拜访的时机

一般商务拜访最好选择在工作时间内，事前要在时间的安排上做好准备。私人的拜访则要在工作时间之外，不要对他人造成负担。

1. 事先预约拜访的时间

预约时要有礼貌地请教对方，说明拜访大概需要多长时间，预约好见面的时间与地点，使被访者有所准备，避免成为不速之客。

2. 选择时间的艺术

拜访的时间一般应该是在对方时间宽裕、方便的时候，在对方刚上班或者临近下班或是中午用餐及休息时拜访是非常不适宜的。

二、拜访的准备

1. 知己

知己体现为以下几点。

（1）认清拜访的性质，做好相应的准备

在拜访之前，事先做好准备工作。一方面，这是对对方的尊重；另一方面，可以使拜访有条不紊地进行，从而使拜访的效果达到最佳，同时也不会浪费彼此的时间。如果准备不充分，拜访时就会显得拘谨，话题可能跑偏。

（2）拜访人员的着装和个人形象问题。

拜访之前要注意个人着装的搭配，做到整洁、大方。与此同时，要根据拜访对象的身份及拜访场所选择相对应的服装，给人留下专业、可信的好印象。

2. 知彼

知彼应做到以下几点。

（1）拜访前熟知对方情况

要大概了解对方的职务、职位和其他情况，这样见面时交谈才更有针对性，也会给对方留下美好的印象；否则可能会由于一些小失误而以尴尬收场。

（2）称谓正确

正确的称谓是对对方的尊重。在正式见面前要考虑周全，以免出现失误。如果不太清楚对方的职位或者不知道如何称谓更合适，可以向其身边的人打听。见面时，合适的称呼将能为自己赢得良好的第一印象。

三、告辞的时机

拜访时应彬彬有礼，注意一般交往细节。要注意观察主人的举止表情，适可而止。当主人有不耐烦或有为难的表现时，应转换话题或口气；当主人有结束会见的表示时，应立即起身告辞。当主人出现以下几种情况时，应及时告辞：反复看手表或墙上的挂钟、不再给杯子续水、吩咐家人干这干那、当着客人的面训斥孩子。

告辞之前不可让主人看出急于想走的样子，也不要在主人说完一段话或一件事时立即提出告辞，这样会使主人觉得自己对他的谈话或说的事不耐烦。

告辞时要同主人和其他客人一一告别，说"再见""谢谢"；主人相送时，应说"请回""留步""再见"。

四、拜访的注意事项

1. 随身携带名片

拜访别人时，随身携带名片是最基本的礼貌。见面时应主动将名片呈递给对方，如果拜访的是对方的公司，可以先与对方的秘书或者公司接待人员联系，呈上自己的名片，并自我介绍："您好，我是××，跟贵公司××下午×点有约，麻烦您。"

2. 注意特殊气候

在下雨或特殊天气拜访他人时，进入约定地点时可能会带伞，尤其到对方公司时，为防止把雨水或泥泞带入室内，应请接待人员将雨伞或雨衣放在合适的位置。

3. 把握好交谈时间

如果提前约好占用对方30分钟的时间，则当时间快到时，就要适当结束交谈，并且向对方表示被接待的感谢以及下次见面的期待。

4. 接受奉茶时礼貌地回应

当有人奉茶时要有礼貌地回应，注意下列礼节。

1）注视奉茶者，并诚恳地说"谢谢"。

2）商务拜访时，如果对方未先提出备有饮料款待，不宜主动提要求。

3）喝茶时不可出声，发出声音是十分不雅的。

4）女士喝茶先用化妆纸将口红轻轻擦掉一些，以免在杯子上留下口红印。

第四节　掌握面试技巧，高效通过面试

生涯故事

两年前，小李离开了工作三年的国企，"下海"做了一名普通的销售人员。当时，她没有对自己提出过高的要求，因为她觉得市场并不一定认可她在国企的成就。

小李为自己整理了思路：自己三年的国企工作经验可以看作是一个纵坐标，她了解房地产从物业到开发的全过程；如今，市场是个横坐标，她需要对行业进行全面的了解。小李认为熟悉房地产流程，经历过财务、销售、策划、管理、客户、培训等各个环节并不意味着面试一定会成功，表达也很关键。

在多数人看来，面试时应该由面试官掌握主动，但小李把这倒了过来。一次，她参加一个大型的人才招聘会，来到一家心仪已久的公司。"这么大的人才招聘会，我只关注两家公司。最后还是把简历投给贵公司。"小李递上简历，非常真诚地告诉招聘人员。招聘人员立刻有了兴趣，试探着说了一句："你对我们的期望别太高。"小李的话接得很有技巧："我从事这行的培训，从第一家到最后一家，经典案例始终是关于你们的。现在，我想亲眼看看我听过的经典案例到底是怎样运作的。"

小李的几次面试都获得了成功，当然她最后挑选了自己满意的一家。在她看来，应聘者应该持有这样的立场：有诚意，表达清楚，目的专一，要学会调动招聘人员的激情。

思考： 如果你是应聘者会这么做吗？你为面试做好准备了吗？

马上行动

你做好面试的准备了吗？你认为面试前应做好哪些准备呢？将你想到的答案填入表 5-3 中，然后请面试成功的同学来评价你的准备是否充分。

表 5-3　面试准备及其评价

面试阶段	准备的内容	评价
面试前		
面试中		
面试后		

核心知识

一、面试的形式

应聘者想获得一个职位，需要经过几轮的面试，所以说能参加面试并不意味着求职成功，但是在应聘过程中获得面试机会就说明离求职成功又近了一步。有些应聘者可能在参加面试前与用人单位的某个部门的人员已经有过接触，但这不能与面试混为一谈。一般而言，面试是用人单位为了更好地了解应聘者的全面素质而安排的与应聘者的正式会面。与简单的谈话不同，面试是在特定情景下经过设计的一种有目的的测试，主要包括个人面试和集体面试。随着现代化技术的应用，目前面试从广义上来讲还包括电话面试及网上面试。

（一）个人面试

个人面试又称单独面试，是指用人单位的面试官与应聘者的单独会面，这是面试中最常见的一种形式。在这种形式的面试中，面试官与应聘者能够得到较深入的沟通，面试官尽最大可能挖掘出应聘者的潜质。在这种面试中，应聘者所有的言谈都应围绕如何让面试官接纳自己。

（二）集体面试

集体面试是指用人单位同时安排的多人集体会面。在这种面试的形式中，如何突出自己，给面试官留下深刻的印象，但不显得锋芒过露是应聘者应重点解决的问题。在集体面试中，面试官也会设置一些特定的场景，如让应聘者进行小组讨论等以考察应聘者在小组中的个人沟通能力、分析能力及团队协作能力等。

（三）电话面试

电话面试是指用人单位在面对众多求职者时，为了进一步筛选人员而在安排面试前进行的电话访谈。

（四）网上面试

网上面试是指用人单位利用互联网与应聘者进行的面试，通常会以视频面试或者文字沟通形式进行。在互联网迅速发展的今天，直观、快捷、省时且节约成本的网上面试获得越来越多企业的青睐。

二、面试的目的

无论哪种形式的面试，一般来说，其目的主要有以下几个。

（一）了解应聘者的基本情况

用人单位可以在简历中了解应聘者的基本情况，如身高、体形、相貌、兴趣爱好和家庭状况等，但通过纸张不能够体现出一个人的仪表、气质、言谈举止和精神面貌。文明的举止、适度的言谈，以及端庄的仪表能说明一个人是否注意自我约束，做事是否有规律，是否有责任心。

（二）了解应聘者的智商

一个人的智商因素由知识结构、个人能力及学习成绩等多方面组成，而对这些知识的考核，大多数是通过笔试来完成的，但用人单位有时也会在面试中通过问答了解应聘者对专业知识和其他知识的掌握情况。

（三）了解应聘者的情商

在问答的过程中，用人单位可以通过应聘者的反应了解其自我控制能力，如遭到无端指责或批评时是否能做到理解、克制及宽容；了解其态度是认真谨慎还是随意，是勇于创新还是保守；了解其人际交往能力，能否做到谈吐自然，并且交往恰当等。

（四）了解应聘者的综合素质

综合素质包括表达能力、应变能力及分析能力等。用人单位通过应聘者与面试官之间的互动，考察应聘者表述问题是否富有逻辑性、回答问题是否果断、表达是否流畅、反应是否迅速，甚至语音语调运用是否适宜等，以判断应聘者的综合素质。

三、面试的准备

常言道，不打无准备之仗。对于毕业生而言，初入职场前的面试不可谓不是一件大事，需要认真对待。除了通过恰当得体的服装服饰、优雅大方的言行举止展示良好的个人形象外，还需要做好各方面的准备工作。

（一）准备好面试时可能用到的一切东西

身份证、个人简历、学校统一制作的推荐表、成绩单、各种证书等，这些都是用人单位很有可能在面试时查验的。值得注意的是，在最开始，用人单位可能只要了应聘者的简历而没有要其他详细资料，所以上述材料除了原件以外，还应多备几份复印件，在有必要时可以给面试官留一份详细的资料，便于面试官全面了解自己。还要准备好笔和一些空白纸，方便做记录或者笔试。同时，不要忘记带着手机以便于联系和把握时间。此外，还要核实面试单位的地址、联系电话，提前规划好交通路线。

（二）了解用人单位

应聘者要充分了解用人单位，以便于在面试时把自己的长处与用人单位的需求紧密联系起来，以此向面试官证明自己值得录用。了解用人单位，做好面试前的准备主要从以下几个方面着手。

1. 弄清楚用人单位的名称

有些人对于自己所应聘用人单位的全称不甚了解，而只是知道其简称，这可能会形成误导。试想，如果在面试时，相比其他应聘者，自己能说出企业的全称，是否更为出彩？

2. 了解用人单位的性质和背景

用人单位的行业性质是什么？具体生产哪种产品？是国营还是民营？是合资还是独资？企业文化是什么？每类企业都有不同的特点，也有不同的人才需求，因此了解用人单位的性质和背景是应聘者必须做的功课。

3. 了解用人单位的经营情况

应聘者要了解用人单位的经营情况，包括规模、业绩、发展历史和前景以及现阶段面临的问题和困难等。对这些内容有足够的把握之后，便可以在面试时做到随机应答。同时，在面试的过程中，也可以向面试官提出自己对用人单位生产经营的一些想法和建议，以及怎样成为一名用人单位的有价值的员工。虽然应聘者的想法和建议未必会被采纳，但是这个过程更为难能可贵。关心用人单位前途的应聘者，肯定也会受到用人单位的欢迎。

4. 了解用人单位的内部组织结构、人才结构、工作方式和一些岗位的职责

对于招聘岗位的工作职责，应聘者要在面试前仔细了解，然后在面试时尽可能地说出相应的职责要求等信息，以此来证明自己可以胜任这个岗位。

（三）服饰仪表的准备

不同的用人单位对服饰仪表有潜在的不同要求：国家机关招聘工作人员时，希望未来的公务员衣着端庄，体现稳健踏实的作风；企业尤其是外企则注重整体形象的明快、

干练，很多企业要求员工穿职业装，强调服务与工作性质、场合的协调。

服饰是否合乎礼仪关乎面试的基调是否和谐。以下是几点建议。

1）裁剪合宜、简单大方的套装，比上下身两件式搭配更能建立权威感与专业感，而女士下装应以裙装为主，如果穿长裤，则应选择质料柔软、裁剪合宜的西装裤。

2）套装、西装颜色以中性为主，避免夸张、刺眼的颜色。颜色要与自己的肤色相配，这样会显得更加精力充沛、容光焕发。

3）避免无袖、露背、迷你裙等性感装束。裙长应至少盖住大腿的三分之二。

4）不要穿露出脚趾的凉鞋，宜穿素色素面的皮鞋，自然地抬头挺胸，精神饱满。

5）配饰简单高雅，不要佩戴造型过于夸张、会叮当作响的饰品。

6）妆容应保守淡雅，勿浓妆艳抹，也不宜脂粉不施。头发、指甲、配件等细节位置，都应干净清爽，给人良好的印象。

7）只带一个手提包或公事包，尽量把化妆品、笔、零碎的小东西有条有理地收好。手里又提又拿，容易给人凌乱急躁的感觉。

8）注重细节，如鞋子是否干净整洁。

9）微笑是自信的第一步，也能消除紧张。不能苦着一张脸，否则不能给人以最佳的印象，并可能因此失去工作机会。

（四）面试的流程

为了达到面试的目的，面试官通常会精心设计面试的场景。一般来说，面试都会有以下几个流程：寒暄问候→自我介绍→向应聘者提问→轻松话题→向面试官提问。

1）寒暄问候阶段是面试官对应聘者的第一印象，因此，得体礼貌的问候尤为重要。

2）自我介绍阶段是应聘者表达能力的一个体现。为了取得更好的效果，应聘者可以在面试前把讲演内容提前准备好，所用语言要言简意赅，最好是做到熟练背诵，私下多做模拟练习。万事俱备之后，等到正式面试时，便可轻松应对了。

3）面试官向应聘者提问阶段是整个面试的主体。在这个过程中，由面试官直接控制整个环节的进展，应聘者处于被动地位。这个环节是面试过程中最难的一部分，甚至直接决定了应聘者的成败，只有在面试前做足功课，才能保证顺利过关。

4）轻松话题看起来轻松，但实际上并不轻松。在较为放松的情况下，应聘者最真实的本性往往容易透露出来。因此，在面试过程中，不要想着会有轻松的时候，一旦放松，就可能让面试官看到应聘者不宜在面试时展现的言行举止。

5）在面试结束前，面试官会给应聘者机会问一些问题。此时如何提问题、提出问题的水平如何，往往对面试的结论有很大的影响。因此，事先准备好与众不同又颇具水准的问题是很有必要的。

四、面试礼仪

（一）进门的艺术

在进门之前，一定要确认自己的手机已经关机或调为振动。要时刻牢记，在敲门或面试官叫应聘者的名字时，面试就已经开始了。此时不管面试办公室的门是敞开着，还是虚掩着，应聘者在进门前都必须敲门。敲门的声音不能太大，否则容易让人觉得很鲁莽；也不能太小，否则容易让人觉得进来的人是一个过于谨慎而胆小的人。

进入面试现场时，不管内心有多么紧张，都要抬头挺胸收腹。步幅与平时一样，步速要适中，面带微笑地看着面试官，从容地走到其面前。

如果进屋之后发现面试官在埋头书写对一个人的评价，或者几个面试官低声交流，先不要打扰，安静地站在门边等候，除非面试官示意。进屋之后，一切要听从面试官的安排，切忌东张西望、动手动脚或者中间插话。

（二）见面握手

在多数人的观点里，握手是一件再简单不过的事，可以说是无师自通，因此，很少有人会为此做专门的练习。然而，如何握住陌生人的手、怎样摇动、时间应该有多长恰恰是第一次通过接触传达信息的重要问题。有些外企把握手作为衡量一个人是否专业、自信，并且有礼貌的重要依据。坚定自信地握手能给面试官带来好感，让其觉得应聘者是懂礼之人。

一般来说，入场后面试官没有起身的话就不必与之握手。通常情况下，应聘者应该等面试官主动伸出手来才能握手。当然，如果面试官是男性，而应聘者是女性，则面试官通常会等应聘者先伸手；除此之外应聘者都不应采取主动。

握手时一般是握右手，除非对方先伸出左手。拇指和食指呈 V 字形，伸出时手掌不能弯曲。握住对方手掌的三分之一到一半之间较为合适，握得太少会让人觉得缺乏诚意。力度应适中，太柔弱会让人觉得缺乏自信或者不够果断；太重则容易显得莽撞。握手摇动时是上下摇动，一般摇动两三下就自然松开，力量从肘部发出而不是腕部，否则会弄痛对方。握手时应面带微笑，正视对方，不要环顾左右、躲躲闪闪，否则会显得缺乏自信。

（三）接递名片

在一些情况下，面试官会把名片给应聘者，应聘者应该双手接名片，接到之后要先阅读名片上的信息，然后认真地放进自己的口袋或包中。如果应聘者自己有名片，为了方便面试官阅读，应先把名片调转180°再递给对方。

（四）寒暄

进入面试的办公室之后，握手或递名片之间应说句寒暄的话，如"您好，我叫×××，很高兴见到您"，"感谢您给我面试的机会，很高兴能见到您"等。

（五）站与坐

俗话说，站有站相，坐有坐相。如果面试的办公室并没有为应聘者准备座椅，意味着面试过程中应聘者应该站着。站立时应该做到落落大方，不要紧张地握拳、不停地搓手或者下意识地摆弄自己的衣角或资料，可以自然地把双手交握于身前，男性还可以把手背在身后。说话的过程中可以伴有得体的手势，但不要挠头摸脸。女性双脚呈丁字自然站立，男性则可以双脚分开大致与肩同宽。站立时应该挺胸收腹，不要晃动身体或在讲话的过程中东倒西歪。

如果面试办公室设有座椅，那么在面试官说坐下之前，应聘者不能自己坐下，否则会让人觉得没有礼貌或者很傲慢。坐下后跷起二郎腿会显得很散漫。女性通常应双膝自然并拢，双腿正放或侧放，双脚并拢或交叠，双手交握放在大腿上；男性双脚自然分开与肩同宽，双手自然平放在膝盖上方。最好不要靠在椅子上，坐满椅子的三分之二即可。

随身携带的包或者文件袋不要随意放置。如果站立，则背在肩上或者拿在手里；如果坐着，可以放在椅子边或者放在大腿上。注意在讲话时不要摆弄包的拉链或者背带。

（六）饮水

如果在面试时别人提供了一杯水，一定要站起来去接，同时要表示感谢。如果是一次性的水杯，有可能会很烫，所以拿的时候一定要小心。水杯放在离桌子边远一些的地方，喝不喝没关系，但要避免面试时由于专注不小心碰倒。喝水忌发出声音，否则会给人留下不好的印象。

（七）肢体语言

1. 保持微笑

在面试时，脸上要时刻保持自信轻松的微笑，这样会让面试官有一种亲切、友爱和满意的情绪，这也为面试交流创造了良好的气氛。但是微笑不能伪装，应该有一点变化。思考时要严肃，倾听时要认真，高兴时要欣喜，要克服似是而非模糊不清的表情。

2. 注意眼神交流

在面试时，应聘者要时刻注视着面试官，但切忌死盯着，要让对方从自己的视线中感到真诚、友善、信任和尊重。如果现场的面试官不止一人，说话时应该经常用目光扫视其他的人，以表示对其他人的尊重。

3. 注意行为举止

在说话时可以辅以适当手势用来加强语气，但是动作不要太夸张，因此，在面试前可以提前对着镜子练习。有些人在说话或者聆听时会折纸或者转笔，这样会很不严肃。乱摸头发、耳朵或者捂着嘴笑都是紧张、缺乏自信的信号，应在面试时避免出现。

（八）语言交流

在面试时说话的语速和音量要适中，语气要不卑不亢。很多人认为，面试时自己说得越多，便可以越好地表现自己，所以经常会抢着说话，甚至打断对方讲话，这是一种特别没有礼貌的行为，并且会有言多必失的危险。应聘者要善于倾听面试官的讲话，在倾听过程中，要面带微笑，不时点头赞许。面试官愿意多说，说明其对应聘者感兴趣，愿意介绍情况。当遇到与对方有分歧时，应该记住面试不是争论的场合，应避免争执。

（九）面试结束

在面试结束时，一般人会有如释重负的感觉，甚至给人仓皇逃跑的感觉，以至于在面试官的心里对应聘者的印象大打折扣。因此，在面试结束前，可以使用一些正面的话作为结束语，同时告诉面试官，自己对所应聘的岗位有着极大的兴趣，也可以用"我不会让你们失望的"等类似的话来结束。当面试结束时，应该轻声起立，礼貌地与面试官致谢道别，然后轻轻地将座椅放回原位。

五、面试的技巧

面试过程是一个激烈紧张并且充满挑战的过程，不管应聘者事先有多少准备，在面试的过程中都或多或少会有意想不到的事情发生。了解面试的技巧并加以运用，会让面试更加顺利。

（一）个人面试的技巧

1. 说话的技巧

在面试过程中，由于面对的是决定自己成败的陌生人，周围还有强手如云的竞争者，很多人因不知道如何开口而错失良机。掌握一些说话的技巧对求职者来说是必不可少的。

（1）开口前明白说话时应传递的信息

应聘者应该时刻记住，无论说什么，都必须向面试官透露自己的以下信息。

1）是用人单位未来有利的资产而非包袱，拥有帮助用人单位解决问题的能力。

2）有着明确的人生目标和强烈的工作意愿。

3）善于与人沟通，有团队合作的能力和较好的人际关系。

4）诚实正直，值得信赖。

（2）开口前先想好要说什么

面试官通常希望应聘者尽量多说，从而更加深入地了解简历之外的应聘者。俗话说言多必失，所以，应聘者在说话之前一定要三思，同时，要把握住原则，点到为止，切忌画蛇添足、多生事端。毕竟面试的时间有限，要好好把握，抓住要点。

（3）突出重点，简洁明了

在回答面试官所提出的问题时，一定要把握重点、简洁明了、条理清楚，并且有理有据，不能简单到只用"是"或者"不是"来回答。通常回答问题要采取演绎法，结论在前，然后逐一论证，论据的要点不要超过三个。这样能体现自己思路清晰，万一面试官中途打断自己的讲话，自己也已经把想表达的观点说完了。

（4）确认所提的问题，切忌答非所问

在面试的过程中，如果没有听懂面试官提出的问题，可以请对方重复一遍，也可以说："对不起，我想您的意思是……对吗？"一定要弄清楚问题的重点。当然，面试中有些紧张是不可避免的，坦率并谦虚地告诉对方"对不起，我有点紧张"是可行的。这样对自己不会有消极的影响，反而能体现自己的诚实与坦率。只有在弄清楚问题后，回答才能有的放矢。

（5）形成自己的风格和见解

在同一次招聘中，面试官会遇到众多的应聘者，所以提出的问题很多会重复，因此，他们肯定也听了很多遍相同的答案，会感到枯燥乏味，只有独到的见解和有特色的回答才会引起对方的注意。因此，切记不要模仿别人、人云亦云。

（6）恰当地谈论自己

在面试的过程中，谈论自己是再正常不过的事了，但是不可说太多。在整个面试过程中，谈论的话题应该更多的是围绕用人单位，以面试官为中心展开，这样会让面试官感受到被尊重和重视。当观点与面试官相同时可以用"我也……"这样的句子来表示认同，只要赞同对方，就可以获得对方的好感；否则很容易给人留下骄傲自大的印象。

（7）勿逞强好胜

在面试过程中，出现观点上的分歧时，切记不要逞强好胜、争论不休。面试场不是战场，面试官不是敌人或者对手。应该学会聆听不同的声音，微笑地看着对方，尽快结束这个话题。如果面试官误解了自己的意思，不能鲁莽地说"你没听懂我的话"或者说"我不是那个意思"，应该委婉地请求："我想解释一下刚才说的话。"

（8）巧妙地提出反对意见

在面试的过程中，如果不得不去表达自己的反对意见时，一定要先对面试官的观点表示赞同，再提出自己的不同看法，以此来减轻双方的冲突，也便于让面试官接受自己的观点和看法。在表达观点前可以说"我的看法可能不太周全，也可能有错"等类似的话，为自己留下余地。

（9）诚实为本

在谈话时要尽量给人以真诚的感受，回答问题时不要躲躲闪闪，也不要虚伪、一味迎合对方。对于回答不出的问题，要坦率承认，并告诉对方："以后我会加强这方面的学习。"不能不懂装懂、人云亦云。

（10）稳定情绪，表达流利，吐字清晰

用人单位对应聘者的语言表达能力是极为看重的，因此，学会如何克服胆怯紧张的情绪以及如何流利地表述自己的观点是极为重要的。同时，在回答过程中要保证声音洪亮，吐字清楚，语速适中，这也是取得面试成功的关键。

2. 灵活应对面试官的技巧

面试是对应聘者的考核，因此，了解面试官、在言谈中尽量赢取面试官的认同也是非常重要的。

在面试过程中，有些面试官的提问非常尖锐，对应聘者的回答有时表现出轻视的态度，让不少应聘者觉得无从应对，甚至觉得尴尬。只要明白，面试官可能在考验应聘者的应变能力和胸襟，这样就不会觉得难受了。此时不要忘记继续保持谦虚诚实的风范，不要被面试官干扰了自己的心情，按照事先准备的继续应答就可以了。

相反，有一些面试官看起来十分热情，不管在语言还是在行为上，都会让人感到很亲切，会一直对应聘者表示认可和赞赏，表现出十分谦虚的样子。此时一定不能因此放松警惕，变得狂妄自大。这一类的面试官通常有着非凡的洞察力，故意营造出轻松的氛围，让人在放松中暴露出自己真实的一面。

还有一些面试官一直都面无表情，或许是早已习惯这一类招聘面试了，对此类面试已经没有热情了。对此，应聘者要注意寻找面试官感兴趣的话题，特别是在谈话过程中，如果面试官突然抬头看自己，或者突然停下手中的笔，那就说明有机会展示自己了，一定要抓住这个难得的机会，让其产生认同。

还有一些面试官喜欢侃侃而谈，使应聘者很少有机会表达观点，此时应该认真地倾听，并且不时表示赞许，体现出谦虚明理的样子。轮到自己发表看法时，应尽量简短，注意观点尽量不要与面试官有所分歧。

不论是什么类型的面试官，记住他们是为招聘人才才来到面试现场的，绝对不是为了为难应聘者而来。大多数的问题是为了对应聘者形成全面准确的认识，因此要时刻保持冷静，不能因为面试官的言行而干扰了自己的心情。

（二）集体面试的技巧

除非是在招聘大批普通员工时为了节约时间，否则用人单位采用集体面试的形式通常是为了考察应聘者的沟通能力、反应能力、适应环境的能力和组织能力等。在集体面试中往往会要求应聘者进行小组讨论，面试官根据应聘者不同环节的表现，挑选出少数人进入招聘的下一个环节。为了不让自己的光芒被遮掩，从众多的组员中胜出，此时应聘者应该注意以下几点。

1）仔细观察小组内的成员，迅速估计出他们各自的特点，分析自己的水平在小组中的排名。想好在讨论中如何扬长避短，发挥自己的特长。

2）在讨论中善于聆听，不要随便打断别人的讲话，时刻保持礼貌及合作的态度。不要把自己的观点强加给组员，对不同的观点要表示尊重，时刻体现出自己的团队合作精神。

3）当轮到自己发言时，观点要新颖并有个性，不能人云亦云。

4）恰当地表现出自己的领导才能，在讨论中很好地把握讨论的进度并加以引导，但不能有任何压制别人的行为。

（三）电话面试的技巧

电话面试往往在用人单位决定是否安排面谈前进行，目的是进一步确认简历中的信息，对一些问题进行沟通。如果应聘者与用人单位距离太远，也会通过电话进行面试。与一般的面试一样，应聘者要做好充分的准备，回答问题时也要遵循同样的技巧。但是由于通过电话这种特殊的形式进行交谈，所以应聘者应特别注意如下问题。

1）与用人单位约好电话联系后，要保持电话的通畅。如果电话总是占线或者关机，没有人会有耐心而不停地拨打电话。

2）如果确定好了通话时间，就应该有条件保证通话时的环境。应该选择安静、不受打扰的地方进行电话面试。如果电话是在没有准备的情况下打过来的，应尽快寻找一个安静的地方接听，并对面试官的等待表示歉意。

3）无论有多么期待，也应等电话响了两三声后再接，以免让人感觉到自己的迫不及待。

4）接电话前应准备好记录本和笔，以备记录重要的信息。

5）接听电话时要有礼貌，问好后主动进行自我介绍。当对方说出自己的姓名时，应记录下来，方便以后直接联系他。

6）嘴巴不要离听筒太近，让对方听到呼吸的气流声是很失礼的事情。

7）要保持高度的注意力，不要轻易被身旁的事干扰，保证不要漏听或者听错。

8）当因信号不清没有听清楚对方的话时，应礼貌地请对方重复一遍，不能靠猜测来判断。

9）除非极其必要，否则不要打断对方的话。

10）通话结束后要等对方先挂断电话。

六、面试结束

应聘者在回答问题时要适可而止。要善于观察面试官的神态，发现面试官有结束面试的表情，或者示意结束时，要及时停止。如果回答的问题尚未讲完，也应摘要而述，或者请求再稍微延迟时间，切忌我行我素，无休止地讲下去。

面试结束时，应聘者最关心的当然是结果如何，可以机智地了解面试官的意见。

无论是否被录用，应聘者离开告别时，都应该面带笑容，表示感谢对方给予的这次面试机会，并挥手致意告别。

七、面试总结

（一）总结经验

每次面试结束之后，应做回顾，总结经验、教训，以利再战。总结的主要问题有以下几点。

1）外表形象是否得到对方认可，言行举止是否得体，有无失礼之处。

2）面试过程是否全神贯注，是否认真地听取对方的讲话，是否尚未理解对方提出的问题就抢先回答。

3）回答问题时是否真实表达自己对该问题的认识，回答是否准确、清晰。

4）在回答的问题中，哪些问题回答得最精彩，哪些问题回答不清或者失误，造成失误的原因在哪里。

5）面试官对自己的印象、评价如何，最后是否得到具体的结果。

6）面试前计划要了解的问题是否都知道了。

（二）寄上一封致谢函

面试结束并不代表应聘者就可以休息了，写一封感谢信会让面试官对自己的看法不同。同时，与用人单位或面试官保持联系是非常有必要的，但是要把握如下几个原则。

1）控制好询问的频率，不要过于频繁，不要让人厌烦。

2）联系时适当地表达出自己对这份工作的向往和热情会让自己比其他应聘者更胜一筹，但不要重复地诉说自己应该被聘用的理由。

3）切忌开门见山地询问面试结果，每次都应该先聊一些面试官非常关心的话题。

4）如果没有被录用，也应该继续保持联系，建立起长久的关系。当用人单位有职位空缺时，谁也不会拒绝一个有恒心的人。

小贴士

影响面试成功的因素

影响面试成功的因素很多，用人单位内部人员结构调整或者申请该职位的人太多就是其一。但有些影响面试成功的因素是可以控制的，以下行为应在面试中尽量避免。

1）糟糕的个人形象。

2）傲慢自负的表现，目空一切，不知天高地厚的态度。

3）急问待遇，让人心生反感。

4）缺乏自信，不敢发表意见。

5）缺乏热情，表现被动。

6）过于紧张，难以放松。

7）计较过多，不服从分配。

8）见解偏激，缺乏容忍。

9）过于油滑，与面试官瞎套近乎。

10）不诚实，回答问题明显有保留。

11）缺乏明确的职业目标和规划。

12）学业成绩差，在校表现差。

13）不会在用人单位工作很长时间。

14）不善于打破沉默。

15）慷慨陈词却没有逻辑性。

16）热情过度，提问超出范围。

17）过分强调有熟人。

18）随意贬低以前的同事或领导人。

19）缺乏礼貌，举止不当。

20）迟到。

案例分析

小娟参加了某个知名企业的面试，她提前来到等待面试的会议室。让她惊讶的是，这里根本没有想象中大公司井井有条的场景。会议室里只有一个公司的接待员，正在整理应聘者的资料，其余都是等待面试的人，喝水需要自己倒。大多数的人三三两两地聚在一起聊天，等待接待员叫自己的名字。会议桌上散落着空纸杯，接待员办公桌的附近散落着一堆废纸。唉，看来这家公司也只是名声在外而已，小娟心里不免有些失望。还有十个人才轮到小娟面试，她放下包，下意识地把会议桌上的空杯子收拾好并扔到垃圾箱，顺便帮接待员拾起了地上的纸张，然后默默地坐下来，拿出准备好的资料打算再温习一遍。这时，从会议室的内间走出来一位中年女性，她径直走到小娟面前说："你好！请把你的简历给我。如果没什么大的问题，你被录用了。"小娟在众人诧异的眼光中完成了她的面试。

思考：小娟为何顺利被录用？

○做一做○

设想你在等待面试，将会有哪些场景？你会怎样表现？

拓展阅读

面试常见问题

在面试之前，面试官对应聘者的印象只是简历上的一小部分。在面试过程中，通过提问和交流，面试官逐渐了解应聘者的能力、个性和做事方式。应聘者诚实而熟练地回答这些问题是成功的关键。根据通常的规则，以下是面试中较常见的问题。

1. 请你介绍一下自己好吗？

回答提示：一般人回答这个问题过于平常，只说姓名、年龄、爱好、工作经验，这些在简历上都有。其实，用人单位最希望知道的是应聘者能否胜任工作，包括专业的技能、深入研究的知识领域、个性中最积极的部分、做过的最成功的事、主要的成就等，这些可以和学习无关，也可以和学习有关，但要突出积极的个性和做事的能力，说得合情合理，这样才能打动用人单位。用人单位很重视一个人的礼貌，应聘者要尊重面试官，在回答每个问题之后都说一句"谢谢"。用人单位喜欢有礼貌的应聘者。

2. 你认为你个性上最大的优点是什么？

回答提示：沉着冷静、说话条理清楚、顽强向上、意志坚定、乐于助人和关心他人、有较强的适应能力和幽默感、乐观善良和友爱等都是在工作中需要的，都可以提。

3. 你觉得你性格上的缺点有哪些？

回答提示：部分用人单位喜欢这样问，如果应聘者说自己心胸狭窄、嫉妒、懒惰、脾气暴躁或效率低下，则肯定不会被录用。永远不要轻描淡写地说："我最大的缺点是我太过追求完美。"有些人认为这样会让自己看起来很好，但事实上并非如此。用人单位喜欢应聘者从自己的优点开始，再添加一些小缺点，然后把问题转到优点上来，突出自己的优势，弱化自己的劣势。

4. 你对薪水有什么要求？

回答提示：如果工资要求太低，那明显是在贬低自己的能力；如果要求过高的薪水，则会显得自己在公司里太重要了。一些用人单位通常会提前对这份工作有预算，只是想看看应聘者是否对这份工作有足够的兴趣。

回答范例一：我对薪水没有硬性要求。我相信贵公司会友好、合理地处理我的问题。我关注的是找到合适的工作，所以只要条款公平，我不太在乎。

回答范例二：我受过软件编程方面的系统培训，入职后不需要太多的培训。我对编程特别感兴趣。因此，我希望公司能根据我的情况和市场的标准水平给我合理的薪水。

5. 你对加班有什么看法？

回答提示：其实很多用人单位会问这个问题，这并不是说一定要加班，只是想看看应聘者是否愿意为公司做贡献。

回答范例：如果工作需要我，我将义不容辞地加班。我现在单身，没有家庭负担，我可以全身心地投入工作。但同时，我也会提高我的工作效率，减少不必要的加班。

6. 你怎么看待跳槽？

回答提示：正常的跳槽可以促进人才的合理流动，应予以支持。频繁跳槽对单位和个人都是不利的，应该反对。

7. 你的业余爱好有哪些？

回答提示：尽量说一些需要多人配合的爱好，可以体现出自己的团队合作精神。

8. 你离开原单位的原因是什么？

回答提示：回答这个问题时，必须小心。即使在上一份工作中受了冤枉，也不应该抱怨。特别是应该避免批评自己的主管，避免面试官的负面情绪和印象。回答这个问题的最好方法是责备自己。例如，觉得自己的工作没有发展空间，想在正在面试的行业中学习更多，或者之前的工作不符合自己的职业规划。积极正面的答案最使人满意。

9. 别人批评你怎么办？

回答提示：①先不必多说什么，视情况而定，不过会接受正当批评；②等大家冷静下来再发言。

10. 你为什么愿意到我们公司来工作？

回答提示：要小心回答这个问题，如果应聘者对用人单位做过调查研究，可以回答具体的原因。例如，"我是被这家公司的高科技发展环境所吸引。""我和这家公司是同时出生的，我想加入一家和我一起成长的公司。""贵公司近年来发展稳定，在市场上很有竞争力。""我认为这家公司可以为我提供一条不同的道路。"这表明自己做了一些研究，对自己的未来有一个更具体的愿景。

11. 你认为这项工作会遇到哪些困难？

回答提示：①直接说出具体的困难是不合适的，否则会使对方怀疑应聘者说不出来。②可以尝试迂回战术，说明自己对困难的态度——工作中有些困难是正常的，不可避免的，只要有毅力，有良好的合作精神，提前做好细致充分的准备，任何困难都是可以克服的。

12. 如果录用你，你会怎样开展工作？

回答提示：如果应聘者对该职位了解不够，最好不要直接说如何做这项工作。可以尝试用间接的策略来回答，如先听取领导的指示和要求，然后了解和熟悉相关情况，制订近期工作计划并报领导批准，最后按照计划开展工作。

13. 你喜欢什么样的上级与你共同工作？

回答提示：通过应聘者对上级的"希望"可以判断其自我要求意识，这不仅是一个陷阱，也是一个机会。最好避开上级的具体希望，多谈他们的要求。例如，"作为一名社会新人，我应该要求自己尽快熟悉环境，适应环境。我不应该对环境提出任何要求，只要能发挥我的专长"。

14. 除本公司外，你还在哪些公司应聘过？

回答提示：这是相当多的用人单位会问的问题，其目的是了解应聘者的一般就业愿望。如果应聘的其他公司是不同的行业或毫不相关的职位，会让人觉得应聘者不可信。

15. 你有其他的问题吗？

回答提示：这个问题看似可有可无，其实很关键。用人单位不喜欢说"没问题"的人，因为他们很注重员工的个性和创新能力。用人单位也不喜欢应聘者问诸如个人福利之类的问题。如果有人问"贵公司对新员工有培训计划吗？""我可以参与吗？""你们公司的推广机制是什么？"，用人单位会非常欢迎，因为这反映了应聘者对学习的热情、对用人单位的忠诚和自己的雄心壮志。

第六章　拓展职业关键能力，直面职场需求

第一节　转变新角色，适应新环境

📚 生涯故事

小朱总是这山看着那山高，她的每份工作都干不长久，其实并不是单位解雇她，而是她自己待不下去。小朱今年 23 岁，去年 7 月大学毕业后的近一年时间里，她接连换了多次工作，在每家单位工作的时间都非常短。小朱的第一份工作是在一家公司从事行政管理。刚开始她对新工作充满热情，但很快就觉得行政工作枯燥无味，缺乏挑战和变化，每天只是重复一些分发文件、撰写材料的简单劳动，这使她产生了厌倦心理。三个星期后，她递交了辞职报告。此后，小朱又先后在多家单位做过文秘、前台接待、营业员、业务员等，其中最短的工作时间不到一个星期，最长的也没超过三个月。

对此，小朱的说法是，刚到一个新单位时，她觉得同事、领导都对她照顾有加，可过了一段时间之后，周围的人对她的热情慢慢消退。她认为这种环境对自己是一种折磨，于是便另谋新职。然而，频繁跳槽并没有给小朱带来好心情，反而让她感到更焦虑。"我现在根本无法静下心来好好工作，只要在一个单位工作几天就想换新环境，否则就会感觉心烦意乱。"不仅如此，换什么工作、能否换到更好的工作等一连串的问题也经常使小朱心烦意乱，夜不能寐。

思考：为什么小朱会频繁跳槽？如果是你，你会怎么做？

📖 马上行动

想象你已经入职了，你会在怎样的办公环境中？会有怎样的领导和同事？每天的工作状态是什么样的？试着把你想象的样子填入表 6-1 中。

表6-1　想象工作后的样子

办公室的环境	
和领导相处的样子	
和周围同事相处的样子	
接待客户的场景	
每天的形象	
上下班的场景	

核心知识

一、学生角色与职业角色的差别

从宏观上讲，学生角色与职业角色的根本不同在于社会责任、社会权利以及社会规范的不同，这是社会层面上存在的差别。从微观上讲，学生角色与职业角色的不同在于文化氛围、人际关系的不同，这是个体环境层面上存在的差别。

（一）社会责任不同

角色责任的形成一般来说有两种方式：一种是自然的约定俗成，如学校角色的尊师爱生等；一种是通过行政方式，即通过法律、法规、制度、纪律等来确定的，如学生守则、职业中的岗位责任制等。学生角色的主要责任是努力学习，使德、智、体、美、劳全面发展，掌握为人民服务的本领，整个角色过程是一个受教育、储备知识和锻炼能力的过程。学生角色责任履行的进度主要关系到本人知识掌握的多少和能力培养的程度。职业角色责任是以特定的身份去履行自己的职责，依靠自己的本领或技能去创造社会效益和经济效益。职业角色责任履行的进度一般对人的影响较大，因为人们在评判职业角色时总是要和工作单位紧密相连，总是将其作为兢兢业业的工作人员来看待的。职业角色要求角色能够独当一面，并与同事通力合作，充分履行职业责任。

（二）社会权利不同

社会赋予角色的权利，就是角色履行义务时依法应有的可支配权利和应享受的权益或应取得的精神报酬和物质报酬。学生角色的权利主要是接受教育，并取得经济生活的保障及资助，学生在学分制条件下有选课及选择任课教师的权利；职业角色的权利则是依法行使岗位职权，开展业务工作，并在履行义务的同时取得合理的劳动报酬。

（三）社会规范不同

角色规范是对角色扮演者的行为规定，一种是明文规定的角色行为规则，另一种是在社会发展及演化中所形成的约定俗成的行为模式。社会赋予职业角色的行为模式，因职业的不同而不同。这些模式既具体又严苛，违背了就要承担一定的责任，甚至是法律责任。学生角色的规范多是从培养、教育的角度出发，促使其以后能够茁壮成长为合格的人才，如学校制定了明确的规章制度。社会对处在成长期的学生也有一些约定俗成的要求，如怎样待人接物、怎样做人等。

（四）文化氛围不同

学校虽然是个小社会，但学生的校园生活却比较简单安逸。传统的"寝室—教室—食堂"三点一线的生活始终贯穿在学生的校园生活中，学生的学习时间可以弹性安排，有着较长的节假休息日。在校园里，教学大纲提供给学生清晰的学习任务，学校鼓励学生的个性化发展，教师公平公正地对待每一名学生，校园氛围和谐有序。但在紧张的职场上，职业人面临的社会环境是快节奏的生活，通常规定着上下班时间，不能迟到和早退，每天都有紧张的工作任务，自由支配的时间很少，甚至要利用休息日加班，而且在有些有关利益分配的问题上还会遇到一些不公平行为，因此他们的职场氛围呈现出较大的压力。

（五）人际关系不同

校园生活中，学生之间的人际关系比较单纯。无论是同学关系、同乡关系还是师生关系，人与人之间没有根本性的利益冲突，比较感性。即便学生之间出现了不愉快，也是因为性格差异、生活习惯不同而造成的生活小矛盾，容易化解。社会上的人际关系要比学校环境中的同学关系复杂很多，人与人之间既存在因性格差异、认识程度不同而造成的心理隔阂，也有为维护个体利益或者小团体利益而建立的微妙复杂关系，一旦处理不当，就会造成关系失衡，进而影响个人的正常发展。

二、初入职场毕业生的不适应表现

初入职场的毕业生，往往存在着不同程度的对职场环境的不适应，主要表现在以下几个方面。

（一）生活节奏改变带来的不适应

结束了校园内寝室、教室、图书馆这样简单安静的生活，告别了寒暑假可自由支配的诸多时间，毕业生初踏入职场，就要面对新环境截然不同的生活节奏。相对悠闲的校园生活也让位给了匆忙紧张的工作，有一部分人还要额外适应不同地域的生活环境和习惯。这种生活节奏的突然转变让很多刚刚毕业的大学生无力招架，尤其是那些家人没有在身边的毕业生，更容易陷入忙乱和困境中，不能很好地适应离开校园的生活。

（二）工作压力加大带来的不适应

一方面，由于学校培养模式和实际工作需求之间的差异，毕业生刚开始工作的时候很容易发现自身知识结构的缺陷，感到力不从心。另一方面，对自己人生第一份工作抱着美好设想的毕业生往往在体验工作以后感到失望。据统计，有近三分之二的毕业生对自己的第一份工作不甚满意。毕业生希望通过工作正式成为社会的组成成员，但突如其来的工作压力往往会给其心理造成很大负担。

（三）人际关系困扰带来的不适应

人际环境被看作是微缩的社会环境，对人们事业的成功与否以及心理的健康情况都有着重要的影响。有研究证明，在每年调动工作的人员中，因人际关系不好而无法施展所长的情况高达90%，这也在一定程度上解释了为什么毕业生工作的前几年是"跳槽"的高峰期。由相对简单的同学关系变为更为复杂的社会人际关系，初入职场的毕业生几乎全都会感觉到一些不适应，其结果便是有可能冲动地搞砸人际关系，甚至是自我封闭、心情抑郁。

（四）自我定位迷失带来的不适应

在走出校园、踏入职场之前，90%左右的毕业生有一个关于未来几年的工作计划。但是初入职场的他们难以避免地会出现碰壁的情况，几经波折，他们很容易就会被挫折击倒，转而以一种"混日子"的姿态生活，失去进取心，甚至不愿承担自己对工作与社会应有的责任。这种自我定位的脆弱、易变以及易受外界环境影响和干扰的状况，正折射出当今毕业生面对社会时心理上的不成熟。因此，缺乏明晰的自我定位，也是毕业生不能很好适应职场生活的重要原因之一。

三、正确地实现角色转换

（一）树立新的就业观念

职业教育在当今市场经济条件下已经得到了快速的发展，毕业生数量迅速增加，为用人单位提供了更多的选择机会，同时也出现了就业难的现象。在这种形势下，毕业生必须树立"先就业，后择业"的观念，即珍惜第一份工作，先自食其力，站稳脚跟，积累经验，丰富知识，然后进行择业，选择更有前途、更适合自己的岗位。选择职业是选择自己的人生道路。因此，毕业生要树立自立精神，克服从众心理，正确分析自己的条件，根据个人的情况选择适合自己的岗位。要记住一句话：只有适合自己的才是最好的。

（二）以小见大，做好充分的思想准备

毕业生要做好吃苦受累、从事基层工作及遭遇挫折的准备。为了能得到充分的锻炼，毕业生初次就业时，往往会被安排到基层工作，做一些不起眼的小事。有的毕业生因为没有提前做好思想准备，会认为这是大材小用，从而不热爱、不珍惜这份来之不易的工作。

（三）克服自卑，勇敢地走上工作岗位

从事一份工作，首先要自信。自信是事业成功必不可少的重要因素，也体现出了毕业生的心理素质。很多时候，心理素质的高低会被作为衡量毕业生综合素质的一个重要标准。因此，毕业生只有树立好自信心，才能勇敢地走上工作岗位，才会全身心地投入工作中，做好工作。其次要准备好所需的相关材料，如报到证、户口迁移证、党团组织关系、照片等。再次是按时报到，即在规定的时间内到接收单位报到，切不可随意变更报到的时间。因为每个单位对当年接收的毕业生都要进行岗前培训，迟到会给单位的工作带来不便，也会给领导和同事留下不好的印象；去早了，单位还没做好安排，同样也会给工作带来不便。另外，毕业生到了单位后，要服从安排，不可挑三拣四，提出过高的要求。如果单位领导给自己安排的工作不是自己所擅长的工作，也要愉快接受并尽心尽力干好，以后在适当的时候向领导陈述自己的长处和愿望。

（四）培养职业兴趣

干一行爱一行地做好自己的工作，首先就要对这份工作感兴趣，要热爱这份工作，因此，培养对当前职业的兴趣非常重要。毕业生在选择工作时，应对即将选择的工作性质和内容有所了解，明确该工作在社会中的地位，明确从事这种工作的责任。

毕业生一旦进入工作岗位，就应该脚踏实地、扎扎实实地工作，并在工作之余不断地充实自己，在工作中认真学习，虚心请教，切不可眼高手低，一心想换岗位。

案例分析

许多年前，一个年轻女孩来到一家著名的酒店当服务员。这是她的第一份工作，她将在这里正式步入社会并迈出其人生关键的第一步。

谁知在新人受训期间，负责人竟然安排她洗马桶，并且对工作质量要求很高，必须把马桶洗得光洁如新。说实话，洗马桶使她难以承受。当她拿着抹布伸向马桶时，胃里一阵翻江倒海，几欲呕吐。心灰意冷的她面临着抉择：是继续干下去，还是另谋职业？正在她犹豫不决时，同酒店的一位前辈及时地出现在她的面前。前辈并没有用空洞的理论去说教，而是亲自在她面前洗了一遍马桶，把马桶洗得光洁如新，然后从马桶里盛了一杯水一饮而尽，丝毫没有一丝勉强之意。她目瞪口呆，如梦初醒。她警觉到是自己的工作态度出了问题，于是痛下决心："就算一辈子洗马桶，也要做一名洗马桶最出色的人。"从此，她像换了一个人，她的工作质量达到了无可挑剔的高水准。为了检验自己的自信心，亦为了证实自己的工作质量，更为了强化自己的敬业心，她也曾喝过马桶里的水。她很坚定地迈好了自己人生的第一步，自此之后，她踏上了追求成功之旅。

思考：这位洗马桶的员工为何会取得成功？

○做一做○

假如刚入职的你正面临工作业绩压力，对新同事、新环境不适应，你会怎么做？

拓展阅读

毕业生"六步走"快速适应工作

1. 搜集信息，事前准备，确认上班路线

尽可能搜集一些与公司相关的信息，如分公司、组织结构及详细业务内容等。准备好上班用的一些必需品，将情绪和心态调整好，不要把以前在学校时期养成的坏习惯带到岗位上。一定要事先确认上班的交通路线，避免因交通问题出现上班迟到。

2. 第一天，确定着装风格

设法了解公司员工的着装风格，不要穿与公司风格格格不入的衣服去上班。先拟好自我介绍的大纲。刚进公司不可能马上认识所有的同事，不过还是要尽量先跟同事打招呼，这是沟通的第一步，不能总是等别人主动跟自己搭讪。

3. 第二天，了解工作职责

入职第二天，要好好观察办公室的气氛和一天的工作流程。知彼知己，方能顺利适应工作环境。同时，了解部门里每个人的职责和工作内容也是很重要的。对公司有任何疑问或不懂的地方，一定要开口问，不要闷声做事。询问的对象若是比自己年轻的同事，也不能过于随便，要注意礼貌。

4. 第三天到第七天，进入工作状态

要尽快熟悉公司内部文件的书写方式、计算机的操作方法及工作职责等。为了让自己能更容易进入状态，空闲时最好多帮别人做点事，这样可以更多地了解别人的工作。

5. 第二个星期，把握工作流程

确认工作上要使用的专业用语都已经熟记，若有不懂的部分一定要请教同事。除了自己所属的部门，也要尽力去了解其他部门的工作性质及往来的客户，最大可能地将有关的业务知识彻底研读，或许刚开始会觉得很吃力，但这绝对是必要的。这个时期最重要的课题，就是把握工作的流程并了解公司对自己的期待。

6. 四个星期后，力争工作独立

第一个月过去了，应该开始试着独立承担工作上的一些任务。领导也会慢慢开始考虑交付一些任务，不过在这个时候别过于做作，自然地表现自我即可。不妨好好地回想自己在一个月的工作中大概有哪些缺点或过失，是否有需要再改进的地方。

第二节　学会与他人沟通，建立良好的人际关系

🏛 生涯故事

财务部陈经理每月总会请手下的员工吃饭，联络感情。一天，他去找在休息室的小马，告诉他晚上一起吃饭。快到休息室时，陈经理听到休息室里面有人在交谈，听声音像小马和销售部员工小李。小李对小马说："你们陈经理对你们很关心，我见他经常请你们吃饭。""得了吧，"小马不屑地说，"他就这么点本事笼络人心，遇到我们真正需要他关心、帮助的事情，他没一件办成的。就拿上次公司办培训班的事来说，谁都知道如果能上这个培训班，工作能力就会得到很大的提高，升职机会也会大大增加。我们部门的几个人都很想去，但陈经理却一点都没察觉到，也没积极为我们争取，结果让别的部门抢了先。我真的怀疑他有没有真正关心过我们。""别不高兴。"小李说，"走，吃饭去。"陈经理只好满腹委屈地躲进自己的办公室。

思考： 陈经理为什么满腹委屈？小马为什么不喜欢陈经理？

马上行动

沟通是最好的交流方式，回忆一下以往让你印象深刻的沟通经历，将其填入表 6-2 中。

表 6-2　以往经历过与人沟通的事情

时间	事情经过	沟通效果	评价

核心知识

一、培养个人的沟通能力

在市场经济条件下，每个人都处在一定的复杂的社会关系之中。沟通是人与人之间建立联系的交流方式，良好的沟通能够妥善处理人与人之间、人与组织之间、人与社会之间的关系。面对社会竞争、人际关系等压力，许多人不善于沟通，因而发生误会、产生隔阂、发生冲突，甚至有些人具有沟通方面的各种障碍。因此，必须对这种社会交流能力进行有意识的培养和锻炼，学会有效沟通，否则就难以高质量地生存。

（一）沟通的态度

1）尊重他人的意愿，不强迫与人沟通，但根据沟通的目标，也不轻易放弃与人沟通的机会。

2）采取温和、关怀的态度与对方接触，微笑点头是良好沟通的开始。

3）与人沟通时，如果对方回应不积极，应给予一定的时间，且有必要再做说明。

4）坦诚能够营造良好的沟通氛围，谎言、愤怒、对立则会破坏沟通的进行。

5）幽默感能够营造良好的沟通氛围，并会给对方留下深刻印象，为以后的沟通打下基础。

（二）有效沟通的方法

1）主动向对方说明自己与对方沟通的动机、理由和感受，得到对方的认可才能提出问题。

2）明确自己的内心感受，确定自己要表达的意思，争取得到对方的了解和回应。

3）体会对方的内心感受，并给予恰到好处的反馈，边倾听边有选择地回应，同时借此表达自己的看法。

4）当对方难以传达其感受时，要尝试等待，或表示可以等一下回答，或自己再重复一遍。

5）可多澄清和确定，请对方再详细说明；少猜测，不要装懂，因为单靠无事实依据的假设容易造成误解。

6）用心倾听，尽量避免问为什么，这样容易让对方感到被质问。

7）沟通激烈、不愉快、焦虑时，暂时休息，终止沟通，以免发生冲突。

8）慷慨赞赏、谨慎批评。

9）寻找共同话题，谈话有共鸣，关系就融洽。

（三）有效沟通的技巧

1. 说得清楚

有效地沟通，首先在于表达得是否清楚。通过不同的手段、渠道，明确地将想要表达的信息传达出去，这是最基本的环节。要使用对方易懂的语言，表达的内容要明确，注意力要集中，感情要真挚。

2. 听得明白

如果不知道他人传递了什么信息，更不知道传递信息的目的，就不可能有效地沟通，所以倾听已经成为沟通过程中最需要培养的一种能力。在沟通中，听是最为重要的技巧。在听的过程中，不但要听懂信息的内容，而且要听出对方在信息传递的同时表达出来的感情和情绪。不但要听懂表面表达的意思，还要理解含蓄的意思，关注言外之意。

聆听越多，人就会变得越聪明，掌握的信息也就越多，就会被更多的人喜爱和接受，成为更好的谈话伙伴。生活中没有什么比做一名听众能更有效地帮助别人。一个好的听众一定会比一个善讲者赢得更多的好感。要想成为一个好的听众，并非一件容易的事，至少要做到以下几点。

1）聆听时，注视对方。用真诚的目光让对方感知自己的真诚，赢得对方的赞许，获得其信任。

2）靠近对方，身体前倾，专心致志地听。一定要让对方感觉到自己对其所说的内容的渴求，不愿漏掉任何一个字，让对方觉得自己在聚精会神、专心致志地听。在与人交谈时千万不要大大咧咧，摆出一副无所谓的样子。

3）不要打断对方的话题。无论多么渴望一个新的话题，多么想发表自己的见解，都不要打断对方的话题。要默默地将想说的话记在心中，直到对方结束说话，再发表自己的见解。

4）巧妙、恰如其分地提问。提问一定要巧妙，恰到好处，切忌盲目或过多地提问。在允许的情况下，精练、简短的提问会使对方知道自己在认真仔细地听，如"后来怎么样呢？""您的结论是……"。要记住，提问题也是一种较高形式的奉承。

3. 做得正确

言必行，行必果。不论信息的传递者，还是信息的接收者，都需要将信息转化为行为。行为和沟通是相互支持的，身教比言教更有说服力。良好的管理行为和沟通中说话的能力一样重要。另外，表情是对一则信息的反应，包括产生身体反应（皱眉、微笑、开怀大笑）或者提供反馈。倾听者的反馈很重要，它有助于澄清信息，拉近双方的距离。

（四）沟通过程中应注意的要点

1）主动与人交谈。

2）表现真挚的热情。

3）表现友好及互助的意念。

4）经常微笑。

5）记住别人的名字。

6）对他人表示好感和关注。

7）体谅他人的感受。

8）留意服务他人。

9）尊重他人的意见。

10）慷慨赞美。

二、建立良好的人际关系

职业环境是一个人最重要的生活圈子之一。良好的职场人际关系对于顺利完成本职工作、为工作单位和社会创造更多价值、实现个人成功具有重要影响。建立良好的人际关系应注意以下方面。

（一）树立良好的第一印象

1. 树立良好第一印象的作用

毕业生新到一个工作单位，往往是领导和同事关注的焦点。由于其他人对新同事还缺乏足够的了解，即使是已经接触过的人事部门和个别领导，对毕业生的了解和认识多半也是浅层次的。因此，同事会试图通过观察、接触，更多地了解、认识新来者。在大多数情况下，同事不会直截了当地询问打听，而一切都有赖于毕业生的自我表现。通常，凭着丰富的社会阅历和敏锐的洞察力，领导和同事通过一定接触，甚至仅仅是旁观，就会形成先入为主、轻易拂之不去的第一印象。因此，树立良好的第一印象对于初涉职场的毕业生来说是至关重要的。具体说来，它有三大作用。

（1）前摄作用

前摄作用也称先入为主。由于第一印象是在毫无认识基础的情况下获得的，关于这个人的其他信息都是在这个印象以后输入的，不可避免地要受到这个印象的干扰。

（2）光环作用

光环作用也称晕轮效应，即人们在交往的过程中，有时看到一个人的某一特点比较突出，于是就掩盖了这个人的其他特点和本质。

（3）定势作用

定势作用也称定势效应。第一印象的状况如何，会对以后的发展形成一个固定的趋势，别人可能据此决定以后对这个人的态度。

2. 树立良好第一印象的方法

既然第一印象有非常重要的作用，那么怎样才能给人以良好的第一印象呢？以下是一些实用的方法。

（1）仪表端庄，着装得体

个人外表是首先受到关注的地方，在第一印象中占有很重要的地位。端庄的仪表和得体的着装会给人留下稳重、干练、成熟等良好印象。相反，不修边幅的人给人随意、傲慢、懒散等不良印象。

（2）举止大方，礼貌待人

毕业生初到单位要避免出现自傲、自卑或者自闭等情形，应落落大方地与人交往。自傲是不礼貌和不恰当的举动，毕业生理论知识或许丰富，但实际工作经验往往欠缺，没有自傲的本钱，也不应该自傲。自卑甚至自闭是没有信心的表现，不容易获得同事的认可，容易造成与同事之间的距离感。新人要善于与同事沟通，虚心接受别人的指导。一个大方而礼貌的新人会更快融入新集体。

（3）踏实肯干，乐于助人

初入职场的毕业生要在本职工作之余积极观察周围同事的工作，在力所能及的范围内主动帮助同事分担任务。

（4）服从安排，尽职尽责

职场与学校最大的不同就是层级关系突出。毕业生走上工作岗位要严格服从领导工作安排，尽心尽力完成工作任务。

（5）严于律己，注重小节

工作中要注重对个人不良习惯的改正和良好习惯的培养，往往一个很小的细节就能给人留下很深刻的印象。因此，在工作中要严格遵守工作时间，不迟到早退，按时完成工作任务，不拖拖拉拉；不在办公时间利用单位电话聊天和处理私人事务；不打扰别人的工作。

第一印象会在很长时间内影响新人在领导和同事心目中的形象，影响其他人对新人的接纳和配合。毕业生一定要注意树立和维持好第一印象。

（二）把握人际交往的基本原则

要处理好人际关系，必须注意一些基本原则。

1. 互利原则

人与人的交往存在着利益关系，包括物质上、知识上、精神上的，在和同事的交往中，只有常常把同事的利益放在重要位置，才可以与同事更好地相处。

2. 帮助原则

在互相帮助中建立的人际关系是最为稳固的。坚持在生活上、工作上帮助同事（当对方有需要的时候），是保持同事间良好关系的基础。

3. 竞争原则

接受竞争而不要回避竞争。工作中难免会出现竞争和合作的冲突，这也是正常的职业规则，且机会的把握也需要通过竞争来实现。所以与同事之间关系再好也会出现竞争，对这一点职场新人在心理上要做好准备。但注意不要在竞争中反目成仇，不要在竞争中众叛亲离。

4. 职责第一原则

在具体工作中，因为扮演的角色不同，所以同事相互之间的行为也会有所不同，但相同的是各自都有各自的职责。不论怎样，一定要严守职责，在此基础上经常沟通，互相理解，互相支持和配合。

（三）处理好工作中常见的人际关系

对新人而言，工作中常见的人际关系主要有两种：其一，与领导的关系；其二，与同事的关系。在工作过程中，对待两种不同的人际关系应采取不同的方式方法。

1. 处理与领导关系的方法

新人与领导的关系是上下级关系，新人在与领导相处的过程中应做到以下几点。

1）服从领导安排，保质保量、按时完成工作任务，这是处理与领导关系的第一准则。

2）一般情况下，领导由于工作经验丰富，信息获取渠道多等原因，业务水平较高，新人要学会尊重领导，虚心向领导学习请教。

3）积极协助领导，由于领导经常考虑全局性问题和发展问题，一些具体事务很难面面俱到，这时就应该积极主动地协助领导，帮助领导解决具体事务性工作。

4）对领导不欺不谄。对待领导不能耍小聪明，踏踏实实工作是基本要求，没有完成的工作或者没有完成好的工作要勇于承认错误、承担责任、积极改正，没有取得的成绩或效果不佳的工作不浮夸、不造假。对待领导要从工作本身出发，服从领导的同时不讨好领导，用成绩说话。

2. 处理与同事关系的方法

工作中接触最多的是同事，同事关系的好坏不仅影响一个部门的工作，而且影响个人在单位的工作情绪、工作成就。新人在与同事交往的过程中应该做到以下几点。

1）尊重同事，理解同事。人与人交往尊重是基础，每个人的工作内容不同，但地位相同，不可轻视同事的工作；每个人都有自己的行为特点和处事方式，要尊重同事的行为习惯，站在同事的立场理解问题。

2）在力所能及的范围内帮助同事。乐于助人的人才是受欢迎的人。平时工作中帮助同事是双方深层次交往的基础，也是今后工作中遇到困难时获得帮助的前提。

3）尽量避免与同事产生矛盾。因为工作习惯、为人处世方法、竞争等原因，同事之间会出现不和谐的一面，这时要注意使问题控制在一定范围之内，不激化矛盾，而是多从同事的角度考虑和理解同事，积极主动地化解矛盾。

三、积极营造融洽的工作氛围

1. 尊重他人

社会上每个人的人格都是平等的。对一个人的尊重，不应以地位的高低、年龄的大小、财富的多少、健康状况的好坏和社会分工的不同来衡量，而应以其对社会的贡献大小来衡量。大学毕业生来到新的工作单位，应将每个人都视为自己的老师，因为他们的工作经验丰富，业务技能娴熟，他们对社会有一定的贡献。只有尊重别人，自己才能得到别人的尊重。

2. 一视同仁

一个人在工作中，不能见到上级就点头哈腰，见到下级就趾高气扬，不能对用得着的人就亲近，对暂时用不着的人就疏远，应该一视同仁，平等相待。

3. 乐于助人

俗话说，危难之时见真情。当同事遇到困难时，应尽自己的能力予以帮助，不可袖手旁观和视而不见，更不可落井下石，做出有损人格的事。

4. 诚实待人

诚实守信是做人的基本原则。在工作过程中可能会出现一些矛盾，只要平时互相做到诚实守信，相互理解，在出现矛盾时就能相互信任，相互谅解。

5. 谦虚容人

宽容大度是做人的美德，谦虚随和可缩短人们之间的心理距离，使人产生亲切感。大学毕业生来到新的工作岗位，应主动与同事交往，虚心向他人学习，不断积累知识与经验。对领导提出的批评应虚心接受。这样，大家才会愿意与之交往，才能形成良好的工作氛围。对别人的缺点和错误能够容忍，对自己的不足能够清醒地认识，这样才能建立起良好的人际关系。

6. 服从敬人

不论上级的工作安排是否合理，下级都应服从。对不正确的决定可以通过正常渠道提出来。但是，在上级没有做出新的安排前，下级不可拒绝上级的指挥，否则就有可能打乱正常的工作秩序，造成不良后果。要学会尊敬领导，尊敬他人，交往中多用敬语。

案例分析————————————————————————————————————

小李入职不久，在办公室里已经成为"焦点"人物，公司上上下下没有他不知道的事情，他经常在办公时间与其他同事"窃窃私语"，讨论其他人。时间久了，当他再大谈特谈的时候，已经没有人回应他了，有的只是同事们心中暗暗的取笑。渐渐地，小李发现自己被同事孤立了。

思考：小李为何被同事孤立？

○做一做○

在工作中，因为小事你和同事产生了误会并且影响到正常的工作和交流，你会怎么做？

┌─ **拓展阅读** ─

职业道德的养成

良好的职业道德不是天生具有的，而是在后天的实践中养成的。职业道德养成的途径和方法多种多样，基本的有以下几种。

1. 在日常生活中培养

个人的职业行为表现不仅受工作环境影响，日常行为习惯也会体现在工作中。要培养良好的职业道德，必须从日常生活抓起，在一点一滴中进步。日常生活中要注意培养自己的责任意识、服务意识、认真态度、礼貌行为等，这些都会对职业道德的养成发挥作用。

2. 在专业学习中训练

职业道德行为的养成离不开专业技能的学习。通过学习专业技能，亲身感受本行业、本专业具体而丰富的职业道德内涵，有利于培养良好的职业道德行为。在专业学习中训练，首先要明确职业规范，按照职业规范要求的操作规程和道德规范指导专业学习，约束自己的行为；其次要努力提高自己的职业技能，为培养良好的职业道德行为奠定基础。

3. 在社会实践中体验

人的思想和行为只有在社会实践中才能产生、发展和不断完善。良好的职业道德行为也是如此。只有社会实践的熔炉，才能培养并检验一个人的职业道德行为，才能促进知和行的统一。

在社会实践中体验，就要在社会实践中培养自己的职业感情。这是因为，情感是行为产生的动力。职业情感是指人们对所从事职业的好恶、美慕或鄙夷的情绪和态度。任何一种职业的存在，都是以其满足他人、社会的正当需要为基础的。只有参加社会实践，才能感受到各种职业被社会尊重与重视的程度，从而培养自己对职业的正义感、责任感、荣誉感和幸福感。

在社会实践中体验，就要做到学做结合，知行统一。这是因为，良好的职业道德培养不是凭空而来的，而是与职业实践相联系的自我完善过程。只有理论联系实际、勤于实践才能真正懂得职业道德的规范和要求，逐步培养出相应的职业道德情感和职业道德信念。

4. 在自我修养中提高

人们在职业活动中经常产生一定的道德要求与个人主观情感、欲望和兴趣之间的矛盾，这些矛盾主要靠从业人员自身加以解决。因此，加强自我修养，经常进行自我反省，就成了良好职业道德行为养成的必由之路。

加强自我修养必须做到以下几点：勇于解剖自己，客观地看待自己，正视自己的缺点和不足；勇于自我批评，反省自己的缺点和不足；勇于改正错误，在纠错中不断升华自己的思想境界。

5. 在职业活动中强化

在职业活动中强化是职业道德行为养成的关键。这种强化是一种由实践上升为理论，又由理论外化为行为的过程。前者是将道德知识内化为道德信念，后者是将道德信念外化为道德行为，而要完成内化和外化这两个飞跃，就离不开职业活动即职业实践。这是一个渐进长期的过程，需要人们付出毕生的努力才能完成。

第三节　适应岗位需求，迈好职场第一步

生涯故事

某学校毕业的小张和小刘被同一家单位录用。在试用期里，他们俩被安排做同样的工作。两人对工作都非常认真，踏踏实实地做事。小张每天按时上下班，业余时间经常去会见朋友，听歌以及上网聊天。小刘每天提前上班，第一件事就是将办公室打扫干净，下班前将文件资料、用品摆放整齐，业余时间经常到书店买书，不断充实自己的业务知识，在业务上有很大的提高，并利用自己的知识在一次谈判中为单位赢得了主动，避免单位遭受巨大的经济损失。几个月后，领导将小刘安排到了另一个重要的岗位上。

思考：同时入职的两个人，为何领导把小刘安排在重要的岗位上？如果你刚入职，你应该如何表现？

马上行动

想象一下，你作为职场新人面对着新的办公环境、新同事、新任务……在第一周，你每天可能做什么、处于什么样的状态，会给同事留下怎样的印象。将你想象的内容填入表6-3中。

表6-3　工作第一周的状况

时间	上班做的事情	自己的状态	给同事的印象
第一天			
第二天			
第三天			
第四天			
第五天			

核心知识

　　大学生步入社会后事业的成败不因学校之间的差别所决定。在新的岗位上，正确处理人际关系，虚心学习、不断进取，努力提高自身的综合素质是走向成功的关键。

一、岗位适应的过程

　　（一）在岗兴奋期

　　大学毕业生在选定职业后，不再为毕业去向担忧，也不再为找不到单位而发愁，同时，对新单位的环境、岗位要求、专业技术内涵等充满好奇与憧憬。在这个阶段，大学毕业生常常表现出心情轻松愉悦，情绪激动，对新单位的各种情况充满关注和好奇。

　　（二）在岗冲突期

　　在经过一段时间的岗位实践后，大学毕业生往往会出现一系列不适应。首先表现为理想与现实的矛盾冲突。青年人富于幻想，对未来总有许多美好的构想，而一旦走进社会，现实与理想的反差太大，难免在心理上产生强烈的矛盾冲突。其次是自我评价与社会对个人评价的矛盾冲突。职业选定初期，自我感觉往往是良好的，往往与他人对自己的评价不一致，从而产生心理矛盾。

　　（三）岗位调整期

　　在选定职业并出现人岗冲突后，冲突的持续会导致自我调整，出现个体与环境的协调。有些大学毕业生会放弃原来不切合实际的幻想，与大多数人保持同步，在原有岗位上求发展；有些大学毕业生消极避世、怨天尤人，放弃对理想的追求；有些大学毕业生则开始冷静思考，试图重新认识自己与社会环境的关系，重新调整自己的成才目标，选择事业的突破口。

　　（四）岗位稳定期

　　在这个时期，工作岗位基本稳定，大学毕业生所关心事物的圈子开始收缩，注意力集中到各自所从事的具体工作上，逐渐培养对本职工作的兴趣并渐趋稳定，相当一部分人开始协调周围的人际关系，以求创造一个良好的工作环境。

二、适应职场环境，提高敬业指数

　　（一）树立大局观念，了解总体情况

　　1）了解本单位的物质环境和人文环境，包括地理位置、交通路线、生活设施、气候条件、工作条件、主管领导和同事的性格特点、各个岗位的职责等。同时，还应了解本单位周围其他单位的情况。

2）了解同行业的发展情况，包括行业特点、总体情况、发展趋势，以及本单位在同行业中所处的地位、作用。

3）了解本单位的主管行政部门情况，协助单位领导主动处理与主管部门的关系，争取他们的理解与支持。

（二）积极主动，尽快熟悉本岗位的情况

1）明确本岗位的业务范围和具体工作内容。

2）尽快掌握本岗位的职业技能。

3）明确本岗位的工作执行程序和处理问题的程序。

（三）提高责任心，树立主人翁意识

大学毕业生一旦步入工作岗位，就是单位的一分子，对本单位既有责任又有义务。如果没有主人翁意识，工作就没有主动性，个人的工作能力也得不到锻炼和提高。因此，新进入工作岗位的大学毕业生应把自己当作主人，树立主人翁意识，将自己的前途和单位的命运紧紧地联系在一起，增强责任感。

（四）改变生活习惯，调整生活节奏

1. 改变生活方式

大学生在学校是"寝室—教室—食堂"三点一线的生活方式，工作以后，就有了新的生活方式，工作时间、劳动内容、劳动强度等都发生了变化。因此，必须尽快调整好生活节奏，尽快适应工作环境。

2. 注意劳逸结合

合理安排作息时间，处理好工作和休息的关系，做到有张有弛，既要努力学习、努力工作，又要积极参加各种活动，广交朋友，使自己的生活既丰富多彩，又更加充实。

（五）增强独立工作能力，强化团队意识

大学生在校学习期间，学习上有教师的指导，生活上有父母的依靠，易形成依赖心理，工作后，在工作中要独当一面，并承担一定的社会责任。因此，毕业生要树立独立意识，除此之外，还应树立团队意识，从大局出发，加强人与人之间、部门与部门之间的团结与合作。

（六）立足岗位，艰苦创业

立足岗位、爱岗敬业是做好本职工作的基础，如果大学毕业生一到单位就时刻想着"跳槽"，就不可能成就一番事业。大学毕业生选择工作单位是经过认真思考、反复考察后作出的决定，就业来之不易，要有艰苦创业的精神。创业之路充满着艰辛，要获得成功，必将付出巨大的努力，要有坚强的意志、顽强的毅力、持之以恒的精神，否则将会一事无成。

（七）经受挫折，磨炼人生

自古雄才多磨难。人生之路难得一帆风顺，要正确对待失败。大学毕业生刚步入社会，由于各种因素的影响，可能会遇到挫折，如果没有良好的心理素质，可能会一蹶不振。因此，大学毕业生在进入社会之前，要做好充分的思想准备，正视困难与挫折的磨炼。一个没有经过困难洗礼的人，是不可能有勇往直前的勇气和毅力的，也不可能明白人生的真谛。

三、职业化人才必备的素质

初入职场的毕业生，尽快转换成职业化人才是当务之急。毕业生的职业化程度的高低决定了其未来的发展，是否具备职业化的意识和职业化的技能、知识，直接决定了毕业生的发展潜力和成功的可能。

毕业生走上工作岗位，要成为一个现代化的人才，必须紧跟时代步伐，用最新的理念和技能武装自己，以在激烈的人才竞争中获得一席之地，并能很快脱颖而出，获得更多的发展机会和更大的发展前途。

香港光华管理学院、著名国际战略管理专家林正大认为，一个职业化的人才必须具备五项素质，分别是动机（motivation）、知识（knowledge）、行动（action）、技能（skill）和良好的习惯（habit）。这五项技能的英文首字母的组合为 MKASH，即所谓的职业化人才的 MKASH 原则。他将这五项必备素质比喻为一个车轮，象征车轮带动人才滚滚向前之意。动机就像车轮的轴心，处于核心地位，其余的四项素质就像车轮的四根支撑条，支持车轮的运转。

（一）动机

动机的大小和强弱决定了车轮的运转速度和运行状况。积极心态影响下的动机会加速车轮的运转，同样可以加速人才的成功与成长；反之，消极心态影响下的动机则对人才的成长不利，不但不利于人才的成长，而且起到了很大的破坏作用。所以必须正确认识动机对成功的激励性作用，积极调整自己的心态，以积极的心态面对工作和挑战，不断激励与超越自我，实现自己的目标和远景。

（二）知识

做任何一项工作，首先要具备的就是应对这份工作的专业知识，要做得好还得具备与其相关的其他知识，以形成自己的知识体系，支持工作的开展。职业化的人才必须具备专业化知识，做管理的懂管理知识，做财务的懂财务知识，做营销的懂营销知识。没有专业化的知识，无论如何都无法做到职业化，也就无法在激烈的竞争中得到认可，更谈不上发展进取，所以专业化的知识很重要。

（三）行动

具备了良好的动机、专业化的知识、熟练的技能水平是不是就可以了呢？不是。还有一个重要的素质就是行动的能力。有的人方方面面都比较优秀，知识水平很高，能力很强，可就是做不出出色的工作业绩，原因就出在行动能力欠缺上。汤姆·彼得斯说过：快速制订计划并采取行动应该成为一种修养。要想成为一个职业化的人才，就必须改掉犹豫不决、瞻前顾后、拖拖拉拉的办事作风，在自己认准的事情上认认真真地采取行动，用行动来证明一切，而不是用自己惯性的假想。

（四）技能

技能是支持人才开展工作的必要手段。只有知识，没有技能，也是寸步难行的。试想，一个管理人员不具备沟通的技能，怎么与人沟通？怎么开展工作？没有人际交往技能，怎么与同事合作？怎么管理下属？这些都是必须掌握的基本技能，当然，还有许多更高层次的技能需要掌握，具体要看做什么工作。技能的锻炼必须提高到与知识同等的高度，才可能将知识转化为力量，转化为效益。

（五）习惯

习惯决定命运，这句话一点都不夸张。职业化的人才必须具备良好的习惯，无论是生活还是工作，都要时刻注意自己的习惯，改掉曾经不好的习惯，慢慢养成职业化的行为习惯。良好的习惯带给人美的印象和感觉，能在一定程度上帮助自己取得成功。

案例分析

一家咨询公司招聘高级管理人员，9名优秀应聘者入围。经理亲自把关，决定录取3个人。他将9个人分为甲、乙、丙3组，每组3人，指定甲组调查婴儿用品市场、乙组调查妇女用品市场、丙组调查老年人用品市场，并让他们到秘书处领取有关行业资料。两天后9个人把自己的市场分析报告送到经理那里，经理走向丙组3人，对他们说："恭喜你们3人被本公司录用了！"

面对大家的疑惑，经理解开了谜。原来，同一组每个人得到的资料都是不一样的。例如，甲组3人得到的分别是本市婴儿用品市场的过去、现在和将来的分析资料，其他两组也类似。但是甲、乙两组的6个人都是各做各的、互不联系，使得报告很不全面。只有丙组内部互相借用了对方的资料，补全了自己的分析报告。

思考：为何丙组能够取胜？

○做一做○

在面试过程中，如果面试官问"我们为什么要选择你"，你会怎样应答？

拓展阅读

培养关键职业能力

1. 关键职业能力的内容

目前，许多专家将关键能力划分为"硬技能"与"软技能"两部分。"硬技能"包括良好的沟通能力（书面和口头表达能力等）、数的应用及信息技术技能，它是一个人职业能力的具体体现。"软技能"包括人际交往能力，组织实施工作任务的能力，自主学习和进取的能力，运用学习和工作方法的能力，调换岗位的适应能力，对外界压力的承受能力，实践能力；创新精神、团队协作精神；忠诚守信等意志品质，责任意识、质量意识、规范意识、服务意识等职业意识。这些能力都是指一个人能够"迁移"知识和技能并具有可持续发展的能力。

2. 培养关键职业能力的途径

（1）树立综合职业能力观

深刻理解综合职业能力的内涵与关键能力所涵盖的内容，明确现代社会、行业、企业对人才需求的标准，树立综合职业能力观，把专业课堂、实训场所、课外活动、社会实践、日常生活等都作为关键能力养成的课堂，从自身一言一行做起，逐渐培养品质意志、交流沟通、团队协作意识、职业意识等关键能力。

有了高科技信息化的视野、新思想、新观念、新的知识结构、新的能力、新的思维，还必须具备全新的意识（经济意识、科技意识、市场意识、开拓意识、风险意识、进取意识等）。只有具备这样的思想素质，才能提升关键能力，才能适应未来社会，成为新时代的主人。

（2）培养自律及自主学习与能力养成意识

对于素质与修养方面的软能力，自律、自主学习、自我管理能力是基础。

大学生必须具备前瞻的职业观念与意识。现代产业结构不再是过去那种劳动密集型和资金密集型的产业，而是以新型技术和知识密集型产业为主。社会的发展、经济的进步依赖于科技与高素质的人才，未来的从业者必须具备强烈的求知欲、开拓精神、坚强的意志、强烈的职业意识等潜在的素质。大学生必须从严要求自己，从内在素质提高自己，做到自律、自我管理，自觉有效地积累、培养综合能力素质，从学会做人、学会做事到学会学习、学会生活，为未来打下坚实的基础。

（3）体验社会生活，领悟做人道理

关键能力的培养有许多来源于生活实践的启迪、领悟，并最终内化为自身的关键能力与修养，所以大学生必须学会关注生活、感知生活，积极参加社会实践活动。在这个过程中，感知怎样与人沟通交流，怎样合作，怎样磨炼意志，感知什么是社会责任意识、服务意识、规范意识等职业意识，感知诚信的真正内涵，感知具备这些能力，在社会中谋职、谋生存、谋发展的重要性，并通过与社会、与生活相结合的实践体验和磨炼，逐渐内化为自身的修养，实现关键能力培养的目标。

另外，大学生还应积极参加演讲比赛、辩论赛、体育竞赛、文艺晚会等丰富而有益的"第二课堂"活动。在这些活动中，大学生是真正的主体，置身于活动之中，锻炼自己的组织管理能力、表达能力、沟通与交流能力，逐渐树立自信，切身体会许多只有通过团结协作才能完成的工作并提高自身的协作能力，树立诚信与责任意识等，有效地锻炼并强化自身的关键能力。

第三篇

打开创业之门

第七章　展开创业双翼，梦想照进现实

第一节　树立创业观念，了解大学生创业方式

📚 生涯故事

小杨毕业后，按父母的意愿到公司上班，但 8 个月后，他辞职了。"趁还没结婚，还有冲劲时，一定得干点事情。"小杨说。在大学期间，小杨曾在学校做过小生意，这不仅让他赚到人生第一桶金，也积累了不少创业经验。

小杨发现，专业的家电清洗在市区存在着市场空白，一般的清洗工人都是"打游击"的个体户，且不注意服务质量。在口袋里只有 800 元的情况下，小杨找亲朋好友凑足 5000元，成立了一家网络科技有限公司，专门提供清洗空调、抽油烟机等家电保养服务，并建立了自己的网站、微信公众号，让客户可以在网上下单。很快，公司在市区的家电保养服务行业占据一席之地，高峰期一天能清洗 50 台家电。

思考：小杨是怎样成功走上创业道路的？

📖 马上行动

你身边一定有创业成功的人，想一想他们都有哪些能力和品质，将你认为对创业有帮助的写下来，然后归纳它们有哪些共同点。

1. _____

2. _____

3. _____

4. _____

共同点：_____

核心知识

人人都可以创业，但不一定人人都能够创业成功。相对就业而言，创业者面对的压力和挑战更大，对创业者的能力和素质要求也更高，创业一旦失败就可能导致创业者一贫如洗，甚至血本无归。所以，在选择做创业者之前，不仅要对创业者可能遇到的挫折有充分的心理准备，同时还要对自身能否适应自主创新环境进行正确的评估与分析。

当一份有稳定收入的工作与个人职业理想之间出现矛盾时，有的人会选择忍耐，有的人会选择跳槽，而有的人则考虑开辟一个崭新的事业发展平台——自主创业。

一、创业的含义

虽然"创业"一词已被人类社会普遍采用,并给出了不同意义和理解方法,但对于到底什么才是创业还没有形成普遍接受的统一概念。

创业有广义和狭义之分。广义的创业多是从社会学角度解读与引申的,是指有开拓性、创新性和价值性的社会活动,包含人类所有事业的创新和创造活动。《现代汉语词典》(第七版)对"创业"一词的解释是"创办事业",而《辞海》(第六版)将"创业"阐释为"创立基业"。狭义的创业源于"entrepreneur(企业家、创业者)"一词,多从经济学和创业学的视角来解读。创业研究与教育的开拓者杰弗里·蒂蒙斯认为:"创业是一种思考、推理和行为的方式,这种行为方式是机会驱动的,注重方法和与领导相平衡。创业导致价值的产生、增加、实现和更新,不只是为所有者,也为所有参与者和利益相关者。"也有的人把创业描述为一种过程,即创业是一个发现和捕捉机会并由此创造出新颖的产品或服务,实现其潜在价值的过程。

从以上创业的定义不难看出,创业概念应包含以下要素。

1)创业不是一个事件,而是一个过程。创业是一系列决策和行动的集合,它涵盖企业从无到有直至"闭幕"的整个业务流程。

2)创业者是创业活动的实施者,不仅受获取更大人生满足的夙愿驱动,而且要接受经营过程中可能带来的各种风险。创业者的素质和能力直接影响企业的经营和枯荣。

3)发现和捕捉商机是企业成功的关键。很多企业的成功源于能够发现被别人轻视的商机,然后通过各种努力最终把握住这难得的商机。

4)创新是企业生存的宝贝。锐意创新、绝无仅有是企业竞争力的体现。从创业设计到组织创建、运营与管理,处处需要创新思维,需要不断寻求新的途径和方法来满足客户的需求。

5)企业追求的目标是创造新的价值,确保企业不断发展壮大。当各种资源通过创业活动转化为产品或服务时,就会产生新的价值。企业依靠价值的积累来实现发展目标。

因此,可以这样来理解:创业就是创业者通过发现和识别商业机会,整合各种资源,以创新的产品和服务创造全新价值的过程。

二、创业观念

观念是指人们的意识形态,或指客观事物在人脑里留下的概括的形象(有时指表象)。创业精神是指人们在创业领域的思想意识,即人们对创业的行为、目的和意义的认识与观念。人们对创业的看法不尽相同,所抱有的态度也不一样。大众创业,万众创新,对于创业,大学生应持积极的态度,积极倡导开展创业活动。因为创业是人类生存和发展的必然,也是社会进步的必然。积极鼓励自主创业,需要正确阐明以下三种观念。

(一)创新观念

创新观念就是要求创业者对创业要有一种新的认识。创业对社会来说是普遍发生的事情。创业也是一种人的创新。对于很多创业者来说,创业对其个人是一种全新的活动,是一种自己想要付诸实践但是第一次操作的全新活动。创业者以新的方式、新的想法、新的工作思路去面对一种新的事物，这种行为要求创业者要有一种新的观念，这种观念思路要广泛，规划要周全，要有市场导向、业务导向和充分的自我意识，要有经营头脑。创业者如果没有创新的观念，思想保守，循规蹈矩，是不可能创业成功的。

（二）致富观念

在经济社会，每一个人都想要致富。通过创业致富，这也是创业者通过创业充实自己的动力，但应该有一个正确的致富观念。

1. 不要将致富作为创业的唯一目标

创业的基础应是寻找社会意义。当然，这并不是反对为了个人利益而创业，只是不要只将致富视为创业的唯一目标。对于大企业家来说，当企业达到一定规模后，企业家只考虑企业发展战略，企业发展的重要性大于个人福祉的重要性。只有当业务增长时，才有可能从中获得个人利益。

2. 致富的下一步是回报社会

创业者创业成功了，拥有了大量的资产，如何使用这些资产，也是创业者会面临的问题。当然，不同的创业者对资产的态度是不一样的。通常来说，创业者除了将资产投资个人之外，还应回报社会。回报社会的方法很多，可以是发展生产，也可以是奉献爱心，还可以使用其他方式。例如，邵逸夫先生将多年从商所赚的钱财慷慨地捐献出来，用于帮助我国的教育事业，国内很多学校建有"逸夫楼"。

（三）服务观念

创业要树立一种服务观念，为社会服务，为人民服务。树立服务的观念是创业的一个宗旨。以赚钱为目标开展业务是一方面，但更重要的是确保自己的产品和服务增值并获得客户的信任。当社会不满意、人民群众不满意时，企业也就没钱可赚了。

三、创业者的个人特质

（一）创业者的创业愿望

创业愿望是创业的原动力，它推动创业者去发现和识别好的市场机会。没有创业意愿，创业机会再好，创业者也会视而不见，或者与其失之交臂。

（二）创业者的知识和创业技能

创业者在特定行业的现有知识或以前的经验可以帮助其识别创业机会。一种是创业者对自己感兴趣的领域有扎实的知识，在这种爱好的推动下，创业者会花费大量的时间和精力去学习和提高自己的技能，在业务上有非常深厚的知识积累。还有一种是创业者多年的工作经验，与其爱好无关。这两个领域的整合可以直接导致新机会、新市场或解决客户问题的新方法的形成。

（三）创业者的创业警觉性

创业者比一般人更渴望得到各种多样化的信息，寻求信息的频率更高，他们对信息保持高度的警觉性。在特定领域知识渊博的人往往比其他人更能感知该领域的机会。

（四）创业者的创造性思维

创造性思维本质上是一种革命性的认知思维方法，它汇集并处理不同类型的信息以产生新的想法和概念。创造性思维本身不会产生新的想法，需要创业者凭借其创业警觉性对所察觉到的信息作出反应，从而识别创业机会。

四、大学生创业的方式

大学生创业主要是指以大学生为主体谋求工资形式就业以外的其他实现其个人价值、建设社会的合法途径。近年来，我国大学生创业的高潮此起彼伏。大学生参与创业活动的方式多种多样，主要有以下几种。

① 在学创业。大学生利用业余时间，在校内或校外从事各种创业实践活动，获取创业经验。

② 模拟创业。大学生创业运动的兴起与创业计划大赛密不可分。各种形式的创业计划大赛为大学生提供了模拟创业的平台，也为其提供了展示创业梦想、变梦想为现实的机会。

③ 休学创业。随着教育部允许大学生休学创业政策的出台，一种新的大学生创业形式悄然而生。部分大学生根据个人意愿，选择暂时中断学业，投身创业。

④ 直接创业。大学生毕业时不当就业岗位的竞争者，而是选择自我雇用、自主创业。

⑤ 兼职创业。大学生毕业后先找工作，等时机成熟时再进行创业。很多人也选择边工作，边尝试创业，不断积累创业资源和经验。

大学生参与创业的方式不同，面临的风险也不同。特别是在学校创业的大学生，不仅面临学业上的压力，还要面临创业的各种风险，一旦处理不好学业和创业的关系就可能导致双重失败。所以，大学生在选择创业方式的时候，必须根据自身条件，认真权衡利弊，谨慎地作出选择。

案例分析

牛仔裤的发明人是李维·斯特劳斯（Levi Strauss）。当初他跟着一大批人去西部淘金，到了之后他才发现自己的想法错了，因为遍地都是淘金狂热者。在淘金热期间，由于人口急剧增长，衣食住行变得紧张。李维斯发现淘金者白天要喝水，晚上要洗澡、洗衣，于是开了一家日用品店，很快赚了一笔。后来他发现淘金者的工作很辛苦，衣裤经常要与石头、砂土摩擦，棉布做的裤子不耐穿，很快就磨破了，而当时却有许多被人抛弃的帆布帐篷。李维·斯特劳斯就把这些旧帐篷收集起来洗干净，做成裤子，结果销量很好，"牛仔裤"就是这样诞生的。李维·斯特劳斯将问题当作机会，最终实现了致富梦想，得益于他有一种乐观的积极心态，更重要的是他的创造性思维帮助他不断发现新的创业机会。

思考：李维·斯特劳斯为什么会实现致富梦想？

○做一做○

美国健康维护组织设计了一份问卷，可使人们在作出决策前对自己有一个初步的了解。下列各题均有四个选项：A. 是；B. 多数；C. 很少；D. 从不。请根据你的实际情况将答案填在各题后面的括号内。

1. 在急需作出决策的时候，你是否想再考虑一下？（　　　）

2. 你是否为自己的优柔寡断找借口说："是得好好慎重考虑，怎能轻易下结论呢？"（　　　）

3. 你是否为避免冒犯某个或某几个相当有实力的客户而有意回避一些关键性的问题甚至表现得曲意逢迎？（　　　）

4. 你已经有了很多写报告的参考资料，但是否仍责令下属继续提供？（　　　）

5. 你处理往来函件时，是否读完就扔进文件框，不采取任何措施？（　　　）

6. 你是否无论遇到什么紧急任务，都先处理烦琐的日常事务？（　　　）

7. 你非得在巨大的压力下才肯承担重任吗？（　　　）

8. 你是否无力抵御或预防妨碍你完成重要任务的干扰与危机？（　　　）

9. 你在决定重要的行动计划时常忽视其后果吗？（　　　）

10. 当你需要作出可能不得人心的决策时，是否找借口逃避而不敢面对？（　　　）

11. 你是否总是在快下班时才发现有要紧事没办，只好晚上回家加班？（　　　）

12. 你是否因不愿承担艰巨任务而寻找各种借口？（　　　）

13. 你是否常来不及躲避或预防困难情形的发生？（　　　）

14. 你是否总是拐弯抹角地宣布可能得罪他人的决定？（　　　）

15. 你是否喜欢让别人替你做自己不愿做的事？（　　　）

选 A 得 4 分，选 B 得 3 分，选 C 得 2 分，选 D 得 1 分，将所有分值相加，计算出总分，看看你属于下面的哪一类人。

50～60 分：你的个人素质与创业者相差甚远。

40～49 分：你不算勤勉，应彻底改变拖沓、效率低的缺点，否则创业只是一句空话。

30～39 分：你在大多数情况下充满自信，但有时犹豫不决，不过没关系，有时候犹豫是成熟、稳重和深思熟虑的表现。

30 分以下：你是一个高效率的决策者和管理者，更是一个成功的创业者，具有良好的心理素质和坚忍不拔的毅力。

┌─ **拓展阅读** ─────────────────────────────

从创业者的角度分析自己

做生意的成败取决于创业者自己。在决定创业之前，你需要分析自己并评估你是否具备创业所需的素质、技能和物质条件。成功的创业者之所以能够成功，不是因为他们幸运，而是因为他们工作努力，并且具有经营企业的素质、能力和物质条件。思考以下关键词并判断你创业成功的可能性有多大。

1. 承诺

要想创业成功，你要对你的企业有所承诺。也就是说，你要对你的企业负责，不仅愿意用自己的钱冒创业的风险，全心全意地投入，还要有坚持长期经营企业的打算。

2. 动机

如果你真心想创办企业且想做一名成功的创业者，那么你创业成功的可能性就大得多。如果你只是想尝试一下，你创业成功的机会就不大了。

3. 诚信

如果你做事不重信誉，对员工、供应商和客户不诚信，那将有损你的声誉。糟糕的声誉不利于创业，它会对你的业务运营产生负面影响。

4. 健康

经营企业是一项非常艰巨的工作，它要求创业者具备良好的身体素质。没有健康的身体，你将无法兑现自己对企业的承诺。

5. 风险

世上没有只赚不赔的生意，企业随时存在倒闭的风险。你必须具有冒险精神，但又不能盲目地去冒险，必须敢于承担企业经营中出现的合理的、难以避免的风险。

6. 决策

在创办企业的过程中，你必须做出许多决策。当要做出对企业有重大影响的决策而又难以做出决定时，你要有果断决策的魄力和勇气。

7. 专项技能

专项技能是你生产产品或提供服务所必需的实用技能。技能的类型将决定你可能选择的企业类型和经营理念。

8. 企业经营能力

企业经营能力是指经营企业所需要的综合能力。企业的市场营销固然重要，但企业生产（服务）、成本核算、记账、人员管理等其他经营企业的能力也必不可少。

9. 相关行业知识

如果你对自己创办的企业及其所属行业有足够的认识和了解，拥有丰富的知识和经验，你就能避免很多错误。对企业经营特点的认知和信息的掌握是最重要的，如果你知道如何去做，你就更可能获得成功。

10. 家庭状况

创办和经营企业需要很长时间。因此，获得家人的理解和支持非常重要。当你的家人对你的经营理念感到满意并支持你的创业计划时，你将得到强有力的支持。

11. 财务状况

创办和经营企业需要一定的资金投入，如果你有能力担得起这样的投入且不影响你的生活，那么你的创业之路就会走得更加顺利。

第二节　分析创业环境，做好创业准备

📖 生涯故事

　　小陈从小就很喜欢摄影。上学期间，她曾经与同学一起出去游玩，拍的一些风景照得到了大家的认可。她在上大学时就有自主创业的冲动，但当时没有资金。毕业后，她先去影楼打工，既是为了积累创业资金，又是为了积累相关的工作经验。在影楼工作的过程中，她发现相对而言写真馆在当地还比较有市场。为了开写真馆，她做过许多准备。例如，毕业后，一直在一些影楼打短工。在工作的间隙，还去很多地方学习，也参加过一些相关的摄影培训。条件成熟后，她投资7万元，开始创业。写真馆开业一年多，原始投资还没有完全收回来，不过经过不懈的努力终于开始赢利了。目前，写真馆处于正常运转状态，赢利越来越多。

　　思考： 小陈的创业经历对你有何启发？

📖 马上行动

你是否适合创业

　　你是否羡慕那些企业家？梦想做企业家常常是成为企业家的第一步。假如你已经考虑过自营企业，那么你需要知道自己是否适合创业，是否有条件成功。下面的创业测验就可以帮助你知道这一点。

　　1. 你是否希望摆脱受雇于人的烦恼？是（　　）否（　　）
　　2. 你是否能够筹到足够资金来支付开业前1～3年的支出？是（　　）否（　　）
　　3. 在开业阶段，你非常需要一笔稳定的收入吗？是（　　）否（　　）
　　4. 假如没有一笔稳定的收入，你能生活吗？是（　　）否（　　）
　　5. 你现在能否利用业余时间开始一项事业，以便检验自己的兴趣与特长？是（　　）否（　　）
　　6. 在你的专业或业务领域里，你有专业精神吗？是（　　）否（　　）
　　7. 你能否做一份书面的营业计划，并对第一年的盈亏做预算？是（　　）否（　　）
　　8. 你能延迟满足自己的需要，推迟3～5年等待成功吗？是（　　）否（　　）
　　9. 在你所在的学校或社区，你为大家所熟悉吗？是（　　）否（　　）
　　10. 当你疲劳或烦恼的时候，你能够耐着性子听从同事或下属的批评与建议吗？是（　　）否（　　）
　　11. 你的计算机能力足以处理你的营业额、税务和工作记录吗？是（　　）否（　　）
　　12. 你有兴趣并有实力投资于技术革新与业务改进吗？是（　　）否（　　）
　　13. 社会上有会计、中介机构或个人等专业资源可用来经营你的事业吗？是（　　）否（　　）

14. 你有一个专业人才网络可用作你事业经营的参谋吗？是（　　　）否（　　　）

15. 你倾向于自我激励，并对自己有着极强的洞察力和自信心来追求成功吗？是（　　）否（　　　）

16. 你喜欢变革并乐于做决策吗？是（　　　）否（　　　）

答"是"计1分，答"否"计0分，但第3题反向计分。然后把各题分数加起来，即总分。不同总分的含义如下。

9分以下：你可能不适合创业，最好干稳定的、常规的工作，即使你仍然想创业，也最好干一些自由的、风险小、没有太大经济压力甚至业余的工作。

10～12分：很显然，你已经对创业做了比较多的考虑，但开业前仍需做较多的准备，对于测验里那些答案为"否"的项目，更要做一些补救。

13分以上：恭喜你！你已经可以创业了。在你的人生中，这可能是一个重大的挑战，但其中的回报也很可观。现在你可以做一份详细的履历表，对营业市场做一番调查，做一些业务联络，建立一个家庭营业办公室，从而开始你的事业。同时也要考虑你将来的健康保险、财产保险、纳税策略等与创业有关的问题。

核心知识

一、了解创业信息

（一）了解国家和地方有关创业的政策法规

一般来说，国家政策对大学生就业和创业有一定的倾斜，如这几年关于加强大学生就业工作的文件中基本上都有鼓励、引导大学生自主创业的内容。同时，不同的地方也有不同的政策和举措。大学生在创业前，仔细查找、阅读和把握国家和当地有关创业的政策，将十分有利于在创业中用法律武器保护自己。

（二）通过报纸、电视、广播、网络等媒体了解创业信息

这些媒体经常介绍创业的政策、故事、经验总结等。平常有意识地多加关注，多了解创业信息，积累创业的相关知识。

（三）通过走访创业人士了解创业的相关知识

每个创业者，无论开了一家大公司，还是一家小面馆，都有自己的故事。设法走访他们，倾听他们的故事，了解他们的经历和感受，从中学习有关创业的知识，其中有些是无法从书本上学到的。

（四）通过到父母、亲戚的企业实习了解创业的基本常识

如果父母或亲戚中有创业的，可以请求先在他们那里实习一段时间，学习掌握一些创业所需的基本常识等，为将来自己创业积累资本。

二、创业的基本流程

现代管理学之父彼得·德鲁克（Peter Drucker）曾经说过，创业是一种行动，而不是个性特征。因此，研究创业，要剖析创业过程中所包含的活动和行为，而创业过程包含的活动和行为较多，过程相对复杂，必须认真加以分析。大体上，创业包括创业者创办新企业实现投资回报的全过程，包括机会识别、组建团队、寻求融资等活动。创业的基本流程大致如下。

1）产生创业理念。创业理念主要包括两个方面：技术和市场。一般来说，要仔细筛选创业理念。

2）分析竞争因素，做出战略选择。当企业确定并已经形成经营构思理念，创业者需要少量的创业启动资金，主要用于必要的研究与开发、工艺与设备设计、技术与市场研究、可行性研究及创业策划、市场营销策划、广告策划及公关策划等。

3）由创业者组成团队进行项目可行性研究并制订商业计划。

4）制订商业计划后，需要进行创业前的准备，如确定商业模式、创业团队、销售方式与销售渠道，选择经营场地，落实原材料来源，办理相关法律批文等。最为重要的是要尽快落实风险投资。

5）一切准备就绪后，开始注册公司，领取营业执照、开立银行账户、办理税务登记等。部署到位主要管理人员，并开始建立和完善各项公司规章制度。

6）进行人员招聘和培训，同时进行设备安装、技术和工艺调试。

7）签订销售合同，采购原材料，按计划完成生产，进一步完善质量管理体系。

8）举办开业典礼。

9）对新创企业进行管理。

三、建立创业想法

创办一家企业并不是一件容易的事，需要做大量的工作并且制订大量的项目计划。成功开办一家企业始于一个好的创业想法。

在产生创业想法时，最好拓宽思路。第一个目标是产生尽可能多的想法，并将能够想到的所有商业想法列在一张单子上。可以通过如下方法激发自己的创业想法。

1. 常规性头脑风暴法

头脑风暴法是一种帮助人们打开思路从而产生很多不同想法的办法。可以从一个词语或一个话题开始，写下脑海中的每一个想法，即使这个想法看起来无关紧要或很奇怪，也可以尽可能地继续写下去。

2. 结构性头脑风暴法

结构性头脑风暴法是从一个特定的产品开始，而不是从一个短语开始，然后试着去想所有相关的企业，如与销售产品相关的企业，与制造产品相关的企业，与间接产品（副产品）相关的企业，与产品服务相关的企业，等等。

将自己能想到的所有企业记录下来，直到没有更多的新想法。

3. 调查准备创业地区的企业情况

调查准备创业地区的企业情况，到现场走一走，看一看，了解这个地区有哪些类型的业务，看看在市场中能否找到生存的空间和市场的空白，这也是一个寻找创业想法的好办法。

4. 调查自己所处的环境

在想要开展业务的领域释放自己的创造力并发现更多商业创意，可以浏览当地的知名企业列表。如果大多数区域市场都被列入名单，就可以大致看出当地经济的发展依赖于哪些产业。

分析自己所处环境中的所有资源和机构，有助于获得好的创业想法。可以考虑以下几点。

（1）自然资源

分析自己所处的地方或家乡盛产什么，哪些是可以用来制作有用的产品而不会破坏环境。自然资源包括来自土地、农业、森林、矿产、沙漠、水中的各种材料。例如，家乡有当地地方特色的美食或小吃，而自己所在的地区没有，可以考虑开办食品企业。

（2）机构

自己所在的地区有没有学校、医院或政府机构？这些机构可能有维修和清洁等需求，以及文具、家具、清洁用品、食品和其他用品等需求。一个机构可能就是一个大客户，可以了解这些机构从哪里购买产品和服务，以及对哪些地方还不满意，从中寻找创业想法。

（3）工业

你所在的地区有工厂吗？这些工厂需要什么样的企业提供服务？这些工厂同样也会购买产品和服务，它们可能愿意雇用另一家企业去做一些它们的业务，这样就有机会获得分包的工作。例如，一家机电制造公司或许会将其收到的外版资料或文件的翻译工作分包出去。

（4）印刷品

各种印刷品也有助于激发创业想法。通过查看产品目录、商业期刊和杂志，也许可以找到一些供不应求的当地产品的图片，这些图片可以激发灵感。还可以阅读当地报纸，这些报纸经常介绍在当地开展的一些业务或销售的产品，报纸上的分类广告还可以激发和帮助创业者产生创业想法，一些关于发展趋势的文章和不同地区的其他企业也有同样的效果。

（5）商品展销会

有些组织会举办有助于产生创业想法的商品展销会，可以多参加这类商品展销会，从而激发创业想法。

5. 利用各种问题

企业通过提供产品或服务来满足客户的需求，解决客户的问题，从而谋求自身的生存和发展。在考虑如何创业时，可以从问题中寻找商业机会。可以通过以下问题来激发自己的创业想法。

（1）自己遇到过的问题

想一想在当地购物和需要服务时，曾碰到过什么问题。

（2）学习、工作中的问题

在学习或工作时，也许注意到某种服务不好或材料不足会影响工作完成的进度。

（3）其他人遇到过的问题

通过倾听其他人的抱怨，了解他们的需求和问题。

（4）所在的社区缺少什么

在生活的地区进行调查研究，看看人们缺少哪些产品和服务。

四、分析并筛选出最合适的创业想法

依照上面的方法可能会产生很多适合自己的创业想法，接下来就要对这些创业想法进行分析并筛选出最适合自己的创业想法，确定创业的具体目标。

可以通过回答以下四个方面的问题来分析每个创业想法并帮助自己做出选择。

1. 客户

- 如何知道自己所在地区是否有此业务的需求？
- 谁将是企业的客户？
- 客户的数量是否充足？
- 客户有能力购买这种产品或服务吗？
- 客户有意愿购买企业的产品或服务吗？

2. 竞争对手

- 要创办的企业是准备创业地区同类企业中唯一的一家吗？
- 如果有其他相似的企业，自己能在与它们的竞争中取得成功吗？自己的竞争优势是什么？

3. 资源和需求

- 如何才能提供客户需要的产品并确保服务质量？
- 从哪里获得资源来开展业务？
- 从哪里得到创办企业的建议和信息？
- 如果企业需要设备、系统或合格的人员，能否有足够的资金来满足这些需求？

4. 技能、知识和经验

- 自己对企业的产品或服务了解多少？
- 自己有哪些技能、知识和经验能够帮助经营这项业务？
- 为什么这家企业会有利可图？

- 能想象未来十年中自己一直在经营这家企业吗？
- 自己的个性和能力如何才能与企业的经营相匹配？
- 自己确实对创办这个企业感兴趣吗？
- 准备好为此投入大量时间和精力吗？

五、大学生创新创业初探

（一）大学生创业的认识误区

1. 担心创业失败

有些大学生在选择创业时，对自己缺乏信心，总担心自己会经不起创业失败的沉重打击。实际上，创业可能会成功，也可能会失败，但是还会有第三种结果，就是创业者从失败中懂得一些道理，而收获是对创业者最有价值的经验教训的积累。在创业的不同阶段、不同的环境中，人们对成功的定义不同，但经验和教训是相同的。许多人将盈利能力视为成功或失败的最终标准，而忽略了经验的获得。这样的判断对于创业者和创业团队来说是非常不负责任的。

创业者要认识到在创业的过程中，需要不断地积累和学习，只有在创业中接受磨炼，才能展现自己的技能和管理能力。大学生创业可以增加他们对社会的认识，提高他们适应现实和社会的能力。提高创业能力在某些方面也是成功的。为避免过度亏损，大学生在创业时可以选择难度较小、资金较少的小项目，从小做起。

2. 急于马上成功

创业者总是对第一次创业的成功充满憧憬和期待，始终相信创业一定会成功。事实上，创业是一个需要时间的过程。每个项目都有或长或短的投资回收期，急于成功的想法是错误的。很多创业者在成功之前经历了很多风风雨雨，经历过苦难的代价，承受着巨大的经济压力，甚至影响到创业者及其家人的生活。

因此，创业者应冷静、理性地面对创业机会与项目，不要对自己的创业潜力过于乐观，要对创业项目的可行性进行完整、严谨的分析，全面了解项目情况。创业不是一蹴而就的，创业者必须摒弃浮躁的心态，一步一个脚印地走下去，才能到达成功的目的地。

3. 在遇到困难时选择放弃

人的一生会遇到各种困难和挫折，有的人经历困难和挫折以后变得更加坚强，有的人则在遇到困难和挫折时悲观消极。现在的大学生多是独生子女，缺少独自面对挫折的经历，在困难出现时容易自暴自弃，很容易产生消极情绪。

在瞬息万变的创业环境中，影响创业的不确定因素很多。再充分的创业准备也可能存在不足之处，再周密的商业计划书也难免有疏漏之处，凝聚力再强的创业团队也可能出现冲突和分歧，以至于在困难出现时，有的人会一片茫然，觉得自己很难以坚持。创业确实非常辛苦，也会让很多人想要放弃，但其实只要努力克服困难，坚持不懈，最后一定会看到胜利的曙光。面对困难，许多人往往把它放大化了，当与困难拼搏胜利之后，就会觉得困难其实并不可怕。

4. 仅凭一个创意或者想法创业

创业者想要把自己的想法变为现实，除了要保证想法的新颖性和市场的认可度之外，还要规划好团队建设、业务定位、战略规划等。如果创业者在创业准备时对可能遇到的问题没有做好充分的准备，或者根本就没有设计好对策和退出机制，就很容易在创业之初便遇到各种各样的问题，使企业无法继续发展，从而导致创业失败。

（二）树立正确的创业理念

如何树立正确的创业理念，为自己铺就一条创业之路，对准备创业的大学生来说是非常重要的。

1. 端正态度，正确对待创业

创业是市场经济背景下大学生个体自我发展的需要。随着市场经济体制的逐步完善，市场观念深入人心，创业能满足大学生追求进取、务实的价值观念，使大学生自主确定自己的人生目标，通过自己的积极思考来最大化生活的价值，为社会做贡献。创业不再是追求个人利益、理想和事业，而是可以社会利益和个人利益、事业和兴趣兼得。

在时代大潮中，大学生创业的热情高涨，但是，创业更需要理智。创业不会因为有激情就会成功。创业必须保持清醒。创业热情只能作为创业初期的动力。大学生要理性看待创业的优势与劣势，了解大学生创业的利弊，学会处理创业过程中主观与现实之间的矛盾和冲突，运用辩证的方法辨别是非。

2. 明确创业目标

在创业之前，大学生应该了解自己为什么要创业以及如何创业，需要了解自己的性格特征并阐明自己的创业动机。创业者需要有远大的愿景，知道自己的最终目标在哪里，如何实现，现在在哪里，面临哪些挑战等。

创业者还应在创业前拿出科学合理的创业计划。创业计划应包括项目的选择、商业模式、收益模式的确定等。创业计划应以创业者对市场的全面考察为基础，体现对市场的了解和创业者的业务目标。严谨的创业计划可以确保创业者的创业努力有一个良好的开端和正确的方向，以帮助创业者增加创业成功的概率。

3. 转变观念，提高创业能力

成功的创业者绝不是一个因循守旧、墨守成规的人，必须学会观察国内外市场的变化，以不断变化的心态迎接创业的挑战。创业的过程是一个系统工程，需要创业者在业务定位、战略规划、生产组织、团队组建和财务管理等领域获得具体的知识积累。

大学生能否很好地发展自己的创业技能，是决定创业成败的决定性因素。大学生应充分利用校园提供的平台，通过专业课程、丰富多彩的校内活动和学术活动，积极吸收各方面的知识，不断拓宽视野。另外，还要增加社会活动，积极参加学校组织的俱乐部和志愿者活动，并在活动中增强沟通能力，提高团队协作能力。通过日常学习的不断积累，提高自主学习能力，培养创新思维和学习发展意识，逐步树立创业信心。

4. 积极实践，丰富社会经验

创业过程中不仅要学习文化知识，还要在所从事的行业中积累所从事行业的相关经验，从而促进自己对行业特点、行业发展情况的深刻认识。大学生久居校园当中，与社会的接触很少，非常需要积累相关的社会经验。大学生应该积极参加学校主办的创业竞赛及创业实践活动，还可以进入企业参加社会实践活动，通过不断地了解社会、观察社会，提高自身的创业技能。

小贴士

创业相关法律法规

大学生创业需要了解的法律法规主要有以下几类。

1）公司法，包括《中华人民共和国公司法》《中华人民共和国合作企业法》《中华人民共和国个人独资企业法》《中华人民共和国中小企业促进法》《中华人民共和国企业登记管理条例》《中华人民共和国公司登记管理条例》等。

2）劳动法律法规，如《中华人民共和国劳动法》《中华人民共和国劳动合同法》等。

3）知识产权法，包括《中华人民共和国著作权法》《中华人民共和国商标法》《中华人民共和国专利法》等。

4）税法，包括《中华人民共和国企业所得税法》《中华人民共和国企业所得税法实施条例》《中华人民共和国增值税暂行条例》《中华人民共和国税收征收管理法》等。

案例分析

小刘从小钟情按摩，她很想大学毕业后开设一间专门为婴儿提供按摩服务的按摩室。婴儿按摩虽不能按普通方式操作，但毕竟与成人按摩有相通之处。

经过一段时间的学习和训练，加上早有按摩基本功，小刘很快就掌握了婴儿按摩的技巧。为稳妥起见，她又出资委托市场调研公司进行了一个星期的市场调查，结果有80%的被访者表示很需要这项服务。小刘介绍说，她的婴儿抚触室尚未正式开张，就有家长怀抱婴儿希望她提前"上班"。她说，把婴儿按摩称作"婴儿抚触"更为确切。将婴儿放在暖色调的床单上，轻轻地在婴儿的腹部、手脚部及背部进行按摩。一般情况下，婴儿出生第二天就可以做抚触，每次抚触15分钟为宜，有条件的最好坚持每天给婴儿抚触一次，可抚触到3岁左右。现在，小刘的婴儿抚触室每天早上8点半开门时，门口总有人在等候。遇到忙的时候，小刘只好叫餐馆送碗米粉充当午餐，虽然辛苦，但她认为，既然自己干上了这行，就应该让客户满意，这也是个需要爱心的行业。她还说，现在是一个"要致富，讲技能"的时代，有时完全可以将自身的某种业余爱好转变成一种致富门道。当命运对你关上了门，同时也会为你打开另一扇窗。然而，要打开这扇窗并通过它走向成功，就需要敏锐的眼光和敢于丢弃某些老观念。

思考：小刘是如何取得成功的？

○做一做○

根据你的专业和你的社会资源等条件，调研后试着分析自己可以做哪些创业项目，并筛选出你觉得最有可能做成功的项目。

_____

_____

_____

拓展阅读

创业项目的选择

选择一个创业项目，意味着找到一个融入社会的点。它需要四个字：知己知彼。知己，就是要清楚地审视自己的特长、强项、兴趣、知识积累和结构、性格和心理特征等；知彼，就是根据现在，对社会未来发展趋势有一个清楚的认识，判断出市场稳定性、恒久性、潜在性的需要。特别是如果能对潜在的趋势和需求特别敏感，就会比别人快一步，当此种需求出现的时候，你已经做好了准备。

1. 选择项目要下功夫

你可能不会在别人可能成功的项目上成功，你也可能会在别人不能成功的项目上成功，关键是要熟悉你的投资业务，不要盲目地交学费。

你必须准备好投入时间和精力来选择项目。你需要反省自己，正确判断市场，并发现线索的迹象。你必须能够真正仔细地研究并找到事实依据，唯有如此，才能以一颗坚定不移的心，全力以赴，在奋进中不犹豫、不徘徊、不动摇，不因挫折而灰心，一直坚持下去。

2. 选择项目要依资本而行

投资者通常缺乏的是资金，当你的资金不多时，选择项目的唯一方法就是跟风。这意味着你可以模仿其他人正在做的事情，越是很多人干的事你越可以干。例如，每个菜市场都有几个豆腐摊，虽然卖豆腐赚不了多少钱，但通常也不会亏本。等资本大的时候再创造市场。如果这次可以投资，或者一次赚到更多的钱投资，就不用跟风，可以建立自己的市场，开发潜在市场，从而获得超常的利润回报。

3. 选择的项目要有"根"

选择的项目一定要有"根"，就是项目的生命力。争夺项目市场份额的内在力量，可以通俗地表示成四句话：别人没有的；先于别人发现的；与众不同的；强人之处的。

别人没有的，可以是某种资源与某种特定需要的联系，可以是某种公认资源的新商业价值。强人之处的，可以是在任一方面比别人强一点，如品质上、功能上、外观上、设计上、成本上、经验上、模式上。

综上所述，选投资项目应因地而异、因人而异、因环境而异。至于哪些是好项目，对小额资本的投入而言，重点还是要寻找可以实现并推动资金快速增长的那些项目。

第八章 筑梦创业实施，开启创业之路

第一节 撰写创业计划书，预测创业资金和融资

生涯故事

1998 年，在马化腾等股东的努力下，深圳腾讯计算机系统有限公司成立。当年，腾讯模仿 ICQ 的中文网络寻呼机诞生，并在此基础上，开始开发具有自主知识产权的OICQ，即目前使用的 QQ。当时，马化腾将 QQ 放在互联网上供用户免费使用。随后，市场环境发生了重大变化。随着网吧的兴起，QQ 以其独特的离线信息功能和服务器端信息保存功能受到用户的欢迎。但此时，腾讯由于资金枯竭而难以支撑。

随后，马化腾在充分分析总结 QQ 项目的产品定位、市场竞争、团队优势等关键因素的基础上，编制了多个版本和商业计划书，开始了寻找国外风险投资的漫长征程。努力工作是有回报的。马化腾最终融资成功，腾讯得以生存和发展。

思考： 如何为商业项目编写商业计划？

马上行动

试着编写一份创业计划书。

核心知识

一、创业计划书的结构

创业计划书又称商业计划书，是创业者在创立企业之前，为获得合作、支持与投资，就其企业产品或服务投入市场制订的一份全面和详尽的可行性商业分析报告。创业计划书通常由封面、保密要求、目录、摘要、正文（综述）和附录等几个部分构成。

（一）封面

封面又称标题页，可以放一张企业的项目或产品彩图，但须留出足够的版面排列以下内容：创业计划书编号、公司名称、项目名称、项目单位、地址、电话、传真、电子邮件、联系人、公司主页、日期等。

（二）保密要求

保密要求可放在标题页，也可放在次页，主要是要求投资方项目经理妥善保管创业

计划书，未经融资企业同意，不得向第三方公开创业计划书涉及的商业秘密。

（三）目录

目录标明各部分内容及页码，要注意确认目录页码同内容的一致性。

（四）摘要

摘要是对整个创业计划书的概括，其目的在于用最简练的语言将创业计划书的核心、要点、特色展现出来，吸引投资者仔细读完全部文本。因此，摘要一定要简练，一般要求在两页纸内完成。摘要十分重要，它是投资者首先要看的内容，必须能让投资者有兴趣并渴望得到更多的信息，给投资者留下深刻的印象。摘要应从正文中摘录出投资者最关心的问题，对公司内部的基本情况、公司的能力及局限性、公司的竞争对手、营销和财务战略、公司的管理队伍等情况做出简明而生动的概括。

（五）正文

正文是创业计划书的主体部分，要分别从公司基本情况、经营管理团队、产品或服务、技术研究与开发、行业及市场预测、营销策略、产品制造、经营管理、融资计划、财务预测、风险控制等方面对投资者关心的问题进行介绍，要求既要有丰富的数据资料，使人信服，又要突出重点，实事求是。

（六）附录

附录是对正文中涉及的相关数据、相关资料的补充，作为备查。

二、创业计划前的市场调查

创业计划通常在创业之前制订。许多创业者在这一环节主要依靠想法来实行。他们认为，没有好的想法，创业就不可能成功。众所周知，想法也是基于事实分析的。即使有分析，如果太简单，也注定会失败。这就要求创业者在制订创业计划的过程中首先要进行市场调查。

1. 客户调查

进行市场调查时，首先要联系潜在客户。可以通过访谈和调查联系潜在客户、供应商和竞争对手，这是最有效、最快速、最可靠的方式。然后设计一份调查问卷，向这些潜在客户发放问卷。这些问卷、答案和调查结果应予以保存，以备将来参考，作为实地工作的证据。主要调查了解现有客户的数量，他们愿意为产品或服务支付的价格，以及产品或服务为这些客户带来的经济价值等。还应收集以下信息：客户购买此类产品的时间段、谁决定是否购买、如何防止他人模仿自己的产品或服务、为什么自己的产品或服务对目标市场的消费者具有应用意义等。

2. 竞争对手调查

对竞争对手的研究主要是分析行业竞争的各个方面，如在分销产品或服务时会面临什么样的问题，是否可能形成战略联盟，盟友可能是谁。简要写下这些问题及其答案的摘要。

三、创业计划书的内容与写作要点

（一）摘要

摘要是创业计划书的精华。摘要不仅要涵盖计划的要点，而且要简要、一目了然，让投资者在最短的时间内对计划进行回顾和判断。

摘要一般包括公司简介、主要产品和业务范围、市场概况、营销策略、销售计划、生产管理计划、经理及其组织、财务计划、资金需求等。

首先，说明建立新企业的思路、思路的形成过程，以及企业的目标和发展战略。其次，解释企业的现状、过去的背景和业务范围。在这一部分，应该客观地评价企业过去的情况，但不能略过错误，中肯的分析通常可以赢得更多的信任。最后，介绍创业者自身的背景、经验和专长，这些往往对企业的业绩起着关键作用。在这里，创业者应该努力突出自己的优势，表现出强烈的进取精神，给投资者留下良好的印象。

在摘要中，企业还必须回答以下问题：①企业所在行业、经营性质和范围；②企业的主要产品或服务；③企业的市场在哪里，谁是企业的客户，他们的需求是什么；④谁是企业的合伙人和投资者；⑤谁是企业的竞争对手，竞争对手对企业的发展有什么影响。

摘要应尽可能简洁生动，但应详细解释所创企业与其他企业的差异以及企业成功的市场因素。

（二）产品或服务介绍

在投资项目评估中，投资者最关心的问题之一是企业的产品或服务能否解决现实生活中的问题，或者企业的产品或服务能否帮助客户节省开支和增加收入。因此，产品介绍是创业计划书的重要组成部分。

在产品或服务介绍部分，创业者应对产品或服务进行详细描述。描述应准确、通俗易懂，以便非专业投资者能够理解。一般情况下，产品介绍应附有产品原型、照片或其他介绍，并回答以下问题：

1）客户希望企业的产品或服务解决哪些问题？客户可以从企业的产品或服务中获得什么好处？

2）与竞争对手相比，企业产品或服务的优势和劣势是什么？客户为什么选择企业的产品或服务？

3）企业对产品或服务采取了哪些保护措施？企业拥有哪些专利和许可证，或者与申请专利的制造商达成了哪些协议？

4）为什么企业可以通过产品或服务定价获得足够的利润？用户为什么大量购买企业

产品或服务？

5）企业如何提高产品的质量和性能？企业在开发新产品方面有哪些计划？

（三）人员和组织结构

确定产品或服务后，创业者要组建一支有战斗力的管理团队。企业经营管理的质量直接决定着企业经营风险的大小。高素质的管理人员和良好的组织结构是做好企业管理的重要保证。因此，投资者将特别关注管理团队的评估。

企业管理者应具有互补性和团队精神。企业必须具备产品设计开发、市场营销、生产经营管理、财务等方面的专业人才。在创业计划书中，有必要介绍主要管理人员，介绍他们的能力、他们在企业中的职位和职责、他们过去的详细经验和背景。此外，在创业计划书中，还应简要介绍公司的结构，包括公司的组织架构、各部门的职能和职责、公司的薪酬制度、公司的股东名单和董事会等。

（四）市场预测

企业对市场的预测应建立在严密、科学的市场调查基础上。企业所面对的市场本来就有变幻不定、难以捉摸的特点，因此，企业应尽量扩大收集信息的范围，重视对环境的预测，采用科学的预测手段和方法。在创业计划书中，市场预测应包括以下内容：市场现状综述，竞争厂商概览，目标客户和目标市场，企业产品或服务的市场地位，市场区分和特征等。

首先，要对需求进行预测：市场是否存在对这种产品或服务的需求？需求程度是否可以给企业带来所期望的利益？新的市场规模有多大？需求发展的未来趋向及其状态如何？影响需求的因素有哪些？其次，要对市场竞争的情况、企业所面对的竞争格局进行分析：市场中主要的竞争者有哪些？是否存在有利于企业产品或服务的市场空间？企业预计的市场占有率是多少？企业进入市场会引起竞争者怎样的反应？这些反应对企业会有什么影响？

（五）生产制造计划

创业计划书中的生产制造计划应包括以下内容：产品制造和技术设备状况、新产品计划、技术改进和设备更新要求、质量控制和质量改进计划。

在寻求资金的过程中，为了增加企业在投资前的评估价值，创业者应该努力使生产制造计划更加详细和可行。一般来说，生产制造计划应回答以下问题：企业生产制造所需的厂房和设备，新产品进入大规模生产时的稳定性和可行性分析，设备和供应商的介绍和安装，生产线设计和产品装配，供应商的交付周期和资源需求，制定生产周期标准和生产作业计划，物资需求计划及其保证措施，质量控制方法，其他相关问题。

（六）营销策略

营销是企业管理中最具挑战性的环节。影响营销策略的主要因素有消费者的特征指向、产品特性、企业自身情况、市场环境等。在创业计划书中，营销策略应包括以下内容：①市场机构和营销渠道的选择；②营销团队和管理层；③促销计划和广告策略；④价格策略。对于初创企业来说，如果产品和企业的知名度较低，很难进入其他企业稳定的销售渠道。因此，企业不得不暂时采取高成本、低效益的营销策略，如上门销售、增加广告投入、向批发商和零售商让利，或向任何愿意分销的企业销售。对于企业的发展来说，一方面可以利用原有的销售渠道，另一方面可以开发新的销售渠道来适应企业的发展。

（七）财务规划

财务规划需要在具体分析上花费更多精力，包括损益表和资产负债表。

营运资金是企业的生命线，因此，企业在启动或扩张时，需要事先有详细的计划，并在过程中严格控制。损益表反映了企业的盈利能力，是企业经过一段时间经营后的经营成果；资产负债表反映了企业在某一时期的状况。投资者可以使用从资产负债表数据中获得的比率指数来衡量企业的经营状况和可能的投资回报。创业计划书中的财务规划一般包括以下内容：①创业计划的假设；②预期资产负债表和预期损益表；③现金收支分析；④资金的来源和使用。

可以说，创业计划书一般提出创业者在融资过程中需要做什么，而财务规划则是创业计划书的支持和解释。如果财务规划不好，会给投资者留下企业管理者经验不足的印象，从而降低创业计划书的评估价值，增加企业的经营风险。因此，良好的财务规划是整个创业计划书的关键。那么，如何制定一个好的财务规划呢？这取决于企业的长期规划是为新市场创造新产品还是以更多的财务信息进入现有市场。专注于新技术或创新产品的初创企业不可能参考现有市场的数据、价格和营销方法。因此，它应该预测市场的增长率和可能的净利润，并向投资者出售其想法、管理团队和财务模型。准备进入现有市场的初创企业可以很容易地解释整个市场的规模和改进模式。企业可以在获取目标市场信息的基础上，规划第一年的销售规模。

企业的财务规划应当与经营计划的假设相一致。事实上，财务规划离不开企业的生产计划、人力资源计划和营销计划。为完成财务规划，企业必须澄清以下问题：

1）每个时期交付多少产品？

2）产品线扩张何时开始？

3）每种产品的生产成本是多少？

4）每种产品的价格是多少？

5）使用什么分销渠道？预期的成本和利润是多少？

6）需要雇用什么类型的人？

7）什么时候开始就业？工资预算是多少？

（八）风险分析

风险分析主要是向投资者分析企业可能面临的各种风险隐患、风险的大小及融资者将采取何种措施来降低或防范风险、增加收益等。风险分析主要包括以下内容。

1）企业自身各方面的限制，如资源限制、管理经验限制、生产条件限制等。

2）创业者自身的不足，包括技术上的、经验上的或者管理能力上的欠缺等。

3）市场的不确定性。

4）技术产品开发的不确定性。

5）财务收益的不确定性。

6）针对企业存在的每一种风险，企业进行风险控制与防范的对策或措施。

对于企业可能面临的各种风险，融资者最好采取客观、实事求是的态度，不能因为其产生的可能性小而忽略不计，也不能为了增大获得投资的机会而故意缩小、隐瞒风险因素，应该对企业所面临的各种风险认真加以分析，并针对每一种可能发生的风险做出相应的防范措施，这样才能取得投资者的信任，也有利于引入投资后双方的合作。

（九）附件和备查资料

附件主要是对创业计划书中涉及的一些问题的细节和相关的证书、图表进行描述或证明，如企业的营业执照、公司章程、验资审计报告、税务登记证、高新技术企业（项目）证书、专利证书、鉴定报告、市场调查数据、主要供货商及经销商名单、主要客户名单、场地租用证明、公司及其产品的介绍资料、工艺流程图、各种财务报表及财务预测表、专业术语说明等。它与创业计划书主体部分一起装订成册。备查资料只需列出清单，待资金供给方有投资意向时查询。

四、创业计划书编制后的检查

创业者在撰写创业计划书后要仔细检查。可以从投资者的角度，也可以邀请他人扮演投资者的角色，看该计划是否能从第三人的角度准确回答投资者的提问，从而赢得投资者对企业的投资信心。检查可以从书面审查和陈述审查的角度进行。

（一）书面评论

书面审查主要集中在创业计划书的主体部分。根据创业计划书主体各章节的文字描述，判断创业者对具体产品或服务的定位是否准确、市场判断是否准确、经营战略是否准确、预算方案是否合适，然后判断整个计划是否完整、具体、深入、可行。它与创业计划书的写作要点基本一致。

需要注意的是，在以书面形式判断创业计划书的优劣时，创业计划书各章节的内容应相互区分，因为它们在创业中具有不同的实际作用，因此在评价基础上应具有不同的权重。有关近似重量分布，可以参考以下标准。

1）摘要（5%）：简洁、简洁、独特。

2）团队组成（12%）：介绍团队每个成员的教育和工作背景。

3）产品或服务的技术特征（20%）：说明其技术创新点、专利、版权、政府批准、识别材料等。

4）市场分析（5%）：市场调查分析应严谨、科学。

5）竞争战略（8%）：明确公司各阶段的经营宗旨、市场定位、总体战略和目标。

6）营销策略（8%）：制订有效的营销计划。

7）经营管理（4%）：力求描述准确合理，可操作性强，可持续发展。

8）财务分析（10%）：必须科学可靠。

9）融资方案（8%）：主要财务假设、会计报表（包括资产负债表、损益表和现金流量表等）、财务分析等。

10）关键风险和问题（15%）：客观描述项目面临的技术、市场、财务等关键风险和问题，提出合理可行的规避方案。

11）书面表达（5%）：简洁、平实、清晰、重点突出、条理分明。

（二）陈述审查

事实证明，一个好的创业计划书的有效性比口才更重要。一份创业计划书可能需要几十甚至几百页，然而，口头陈述的时间可能只有 10 分钟，在这 10 分钟内，创业者必须尽力解释其创业计划。这可能是创业者展示其创业计划的最后一次机会。

口头陈述由两部分组成。首先是解释。该解释要求高度关注创业的关键点，尽量利用视听设备吸引投资者，并用准确的市场分析和可靠的数据说服投资者。其次是答复。对于解释中未提及的问题，估计其他人可能提出的问题并准备自己的回答。对于未做好准备的部分，应依靠自己对创业计划和前期工作的理解来充分自信地解释。

五、创业资金需求预测

（一）创业资金需求预测的内容

在预测创业资金需求时，应重点预测创业初期的启动资本和营运资本。换句话说，在创业之前，创业者应该了解其在创业和盈利之前需要准备多少资金。创业资金主要由固定资产、营运资金和开办费组成。企业启动时一般需要购买固定资产，但购买金额应尽量减少；营运资金是指企业日常经营所需的资金；开办费是指企业在筹建期间发生的各项费用。只有充分考虑可能的投资项目，才能更准确地预测对创业资金的需求。

（二）创业资金需求预测方法

创业者创办企业需要一定的资金，因此必须分析资金需求。过低估计需求会难以维持日常开支，过高估计需求会造成资金浪费，增加资金成本。资金需求预测有以下几种方法。

1）咨询专家。通过专家的分析和帮助，粗略估计行业内同规模企业的资金需求。

2）行业分析。通过对本地行业的市场调查，可以了解创业资金的基本需求。每个行业都有其一般规则，创业者不仅可以通过行业分析了解行业特点，还可以为企业管理积累相关经验。

3）目标企业类比。经过行业分析后，创业者可以选择规模大致相同的企业进行类比分析，了解企业的资产状况、人员支出、经营现金需求等信息，获得一些可供参考的基础数据。

4）逐项列示。逐项列示是指将企业所需资金项目逐一列示，然后计算每个项目所需的资金。

（三）风险投资估算中应注意的问题

1. 应包括不确定成本

在估计启动资本时，固定资产和流动资产的总额应乘以一个系数作为不确定成本。一般估计企业的不确定成本系数为 3%～5%，建议创业者按 5%～10%计算。这项费用是因应对意外事件而产生的。

2. 信念和动力比贷款更重要

真正的勇士敢于面对生活的挑战。在这个世界上，有许多白手起家的成功人士，也有无数从小到大的企业家。创业者必须清楚：政府的风险基金也是一种贷款，虽然条件很好，但毕竟要还，事实上，还有更具成本效益的融资形式。资金的暂时短缺可能是争取客户的动力。

3. 找到盈亏平衡的销售额

创业者创业后，要学会计算盈亏平衡点，了解自己的经营状况，严格执行财务制度，在今后的经营活动中对经营状况进行统计分析。盈亏平衡的销售额意味着企业不亏不赚。盈亏平衡时，总利润等于总成本，这时的营业额或者销量，就叫保本销量，这个数字就是盈亏平衡点。

4. 查明毛利润和净利润

创业者必须有成本的概念，即在毛利润中，还需要支付租金、劳动力、公用事业费和固定资产折旧等，减去以上支出才是净利润。衡量企业盈利能力的指标是利润，其计算公式为

$$营业利润=营业额-总成本$$

5. 学会计算投资回收期

所有投资都需要一定的时间才能获得回报，无论创业资金的来源是家庭融资、个人储蓄、银行贷款还是资金支持，创业者都需要用利润的积累逐渐偿还。因此，初始投资越大，回收期越长。投资少，回收快，能很快获得利润。投资回收期的计算公式为

$$投资回收期（可回收的月数）=总投资÷月利润$$

六、融资

（一）融资的意义

融资就是从别人那里获得资金。广义上的融资又称金融，即货币资金的融资，各方通过各种方式在金融市场筹集或出借资金。狭义上的融资是指企业筹资的行为和过程。

融资通常可分为直接融资和间接融资。直接融资是指政府、企业、机构和个人在没有金融机构等媒介的情况下，直接向贷款人进行的融资活动，融资资金直接用于生产、投资和消费。间接融资是指借款人通过金融机构等媒介向贷款人进行的融资活动，如银行和信托公司的融资。

（二）融资渠道

创业者在创业准备阶段和企业初创阶段迫切需要融资。在这一时期，创业者面临的一大难题是资金问题。创业者可通过以下渠道进行融资。

1. 银行贷款

银行贷款被称为风险融资的"蓄水池"，因为银行拥有强大的金融资源，而且大多数银行有政府背景。创业者从申请银行贷款起就要做好打持久战的准备，因为申请银行贷款的手续烦琐，涉及市场监督管理部门、税务部门、中介机构等。同时，银行贷款也存在信用问题，大学生应特别注意学生贷款的信贷渠道。

2. 风险投资

风险投资是一种高风险、高回报的投资。风险投资者以参股的形式进入初创企业，为了降低风险，他们可能在实现增值目的后退出投资，而不是永远与初创企业捆绑在一起。尽管风险投资者关注创业者手中的技术，但他们更关注初创企业的盈利模式和创业者自身。因此，只有好的方案策划和良好的沟通方式才能打动风险投资者。

3. 家族融资

许多大学生创业时首先想到的是向亲戚朋友借钱，获得他们的支持和筹集资金。目前，这种家族资本正获得越来越大的发展空间。家族资本的投资运作程序相对简单，融资速度快，门槛低。家族融资的投资者可能或多或少有关联，所以通常只是口头谈判，但很容易产生矛盾。在接受家族资本之前，创业者应将所有问题摆在桌面上，并以书面形式清楚地表达出来。所谓亲兄弟明算账，即使是亲戚也不能例外。

4. 政府支持

为了缓解就业压力，进入 21 世纪后，我国各级政府相继出台了各种创业扶持政策，从国家到地方的政策体系基本形成。通过申请，符合相关政策的创业者和创业项目可以在创业的前期、中期和后期获得资助。前期获得相应的启动资金，中期享有减税、免税等优惠政策，后期将获得创业奖励。需要提醒的是，不同地区（通常是城市）会有不同的政策倾向。创业者应充分了解当地政策，以便充分利用政府的支持资金。同时，政府支持的创业金额通常不超过 10 万元，所以创业者应该谨慎选择创业项目。此外，政府鼓励的学生创业一般是在校创业，即创业者必须具备的不是学历，而是在校学生的身份。

（三）选择融资渠道的原则

创业者选择融资渠道的原则包括适度的融资规模、合理的资本结构、适当的融资期限和把握最佳融资时机。

1. 适度的融资规模

融资规模的确定是创业者在融资过程中的首要问题。过度融资不仅会造成资金闲置和浪费，增加融资成本，导致企业净资产收益率下降，而且会导致负债过多，无法承受还款，增加经营风险；相反，融资不足将阻碍企业投资计划和其他业务的正常发展。因此，创业者在进行融资决策时，应根据企业的生产经营状况、自身的实际情况、融资的难度和成本等，预测资金需求，确定合理的融资规模。

2. 合理的资本结构

资本结构是指企业各种资本来源的构成和比例。其中，债务资本与权益资本的比例在企业资本结构决策中起着核心作用。最佳资本结构是指资本成本最小化、企业价值最大化、利益相关者积极性最大化的资本结构。企业价值的最大化需要降低资本成本，但这并不意味着不管融资风险如何，都要坚持低成本。过多的融资风险不利于企业价值的提升。总资本成本和企业价值的确定与现金流量、风险等因素直接相关，应同时成为衡量最佳资本结构的标准。

3. 适当的融资期限

融资按期限可分为短期融资和长期融资。创业者选择短期融资还是长期融资，主要取决于融资目的、融资成本等因素。从资金使用的角度来看，如果融资用于企业的流动资产，由于流动资产具有周期短、易于变现、运营所需补充金额小、占用时间短的特点，创业者应选择多种短期融资方式，如商业信贷、短期贷款等；如果融资用于长期投资或购买固定资产，则需要大量资金，占用时间长，因此适合选择长期贷款、企业内部积累、租赁融资等多种长期融资方式。

4. 把握最佳融资机会

在大多数情况下，创业者只能适应外部融资环境。例如，在特定环境下，只能通过银行贷款或其他方式进行融资。这就要求创业者充分发挥主动性，积极寻找和及时把握各种有利时机。由于外部环境复杂多变，受宏观经济条件和整体市场形势的影响，融资决策应提前进行，因此，创业者要及时掌握金融市场的各种信息，了解宏观经济形势、各种政策等外部环境因素，合理分析和预测影响融资的各种条件和可能的变化趋势，以寻求最佳融资机会。

创业者可以对各种融资方式进行合理搭配，结合融资成本、融资期限、融资风险、资金使用的自由度优化资金组合。

案例分析

小王毕业后回到了家乡上海,却一直未找到满意的工作。看到社区里有一家小超市生意很好,他也想开一家属于自己的超市。然而,投资经营一家小型超市至少需要6万元或7万元,由于没有启动资金,他不得不放弃。随后,他了解到,一家银行与一家超市签订了合同,为创业者推出了"投资7万元做小老板"的特许经营免担保贷款业务。由于超市是合作伙伴,为创业者提供集体担保,创业者不必自己提供担保,银行可向通过资格审核的每位申请人提供7万元创业贷款。小王得知后立即提交了申请。两个月后,他成功地从银行获得贷款,并开设了自己的小超市。

思考:小王是如何成功获得贷款的?你还知道哪些融资渠道?

○做一做○

假设你已经选定了自己的创业项目,你打算通过哪些渠道获得创业资金?把你认为可行的渠道填入表8-1中,并写下具体的融资方法。

表8-1 创业资金来源

融资渠道	融资方法

拓展阅读

银行贷款的种类

一、抵押贷款

抵押贷款是指借款人将其拥有的财产作为抵押物,以获得银行贷款担保。在抵押期间,借款人可以继续使用其用于抵押的财产。借款人未按合同约定按时还款的,贷款人有权按照有关法律法规的规定将抵押物折价、拍卖或变卖,并优先偿还。其中,适合创业者的抵押贷款形式有房地产抵押贷款、动产抵押贷款、无形资产抵押贷款等。

1)房地产抵押贷款是指可以用土地、房屋等房地产作为抵押物从银行获得贷款。

2)动产抵押贷款是指以股票、国家债券、公司债券和银行认可的其他证券,以及黄金、白银、珠宝首饰等动产作为抵押品,从银行获得贷款。

3)无形资产抵押贷款是一种创新的抵押贷款形式,适用于拥有专利技术和专利产品的创业者。创业者可以将专利和版权等无形资产抵押或质押给银行,以获得银行贷款。

二、担保贷款

担保贷款是指借款人向银行提供符合法定条件的第三方担保人作为还款担保的

贷款方式。借款人不履行还款义务时，银行有权要求担保人按照协议履行或承担偿还贷款的连带责任。担保贷款有三种形式：自然人担保贷款、专业担保公司担保贷款和托管担保贷款，其中对创业者来说更合适的担保贷款形式是自然人担保贷款。

（一）自然人担保贷款

自然人担保贷款可采用抵押、权利质押、抵押加担保形式。如果借款人未能按期偿还全部贷款本息或发生其他违约事件，银行将要求担保人履行担保义务。

（二）专业担保公司担保贷款

目前，已有很多城市成立了由政府或非政府组织设立的专业担保公司，为包括初创企业在内的中小企业提供融资担保。这些担保机构大多实行会员制管理，属于非营利组织。创业者可以积极申请成为这些机构的成员，当需要从银行贷款时，这些机构可以提供担保。与银行相比，这些担保机构对抵押品的要求更加灵活，它们为了保护自身利益，往往要求企业提供反担保措施，有时还派人到企业监控资金流动。

（三）托管担保贷款

托管担保贷款是一种创新的担保贷款形式。对于一些处于初创阶段的企业来说，虽然土地和厂房是租赁的，但通过社会资产评估，可以通过邀请托管公司对租赁的厂房和土地进行托管来获得银行贷款。通过这种方式，企业不仅可以对暂时不需要的"死"资产进行盘活，还可以获得一定数量的银行资金支持，缓解资金压力。

三、买方贷款

如果企业的产品销售量较好，就会有许多保留订单。然后，可以向银行申请根据销售合同向产品购买者提供贷款支持。企业可以向产品购买者收取一定比例的预付款，以解决生产过程中的财务困难。或者产品购买者签发银行承兑汇票，企业持有该汇票向银行贴现。

四、项目开发贷款

如果企业有重大价值的科技成果转化项目，初始投资金额较大，企业自有资金难以承担，就可以向银行申请项目开发贷款，银行还可以酌情为企业提供部分流动资金贷款。这些贷款更适合高科技初创企业。

五、出口创汇贷款

对于出口型企业，如果一开始就有订单，可以要求银行根据进口商提供的出口合同或信用签证向企业提供一揽子贷款。银行还可以向有现金兑换账户的企业提供外汇抵押贷款。有外汇收入来源的企业可以凭结汇凭证取得人民币贷款。

六、票据贴现贷款

票据贴现贷款是指票据持有人在扣除贴现利息后，将商业票据转让给银行以获取资金。在我国，商业票据主要指银行承兑汇票和商业承兑汇票。这种融资方式的优点之一是，银行不根据企业的资产规模放贷，而是根据市场条件（销售合同）放贷。

第二节　组建创业团队，高效创业管理

生涯故事

　　三只老鼠一起去偷牛奶。因为牛奶罐太深，牛奶在底部，它们只能闻到牛奶的香味却喝不到。它们闻得越多，就越流口水，这使它们非常焦虑。最后，它们想出了一个很好的办法，那就是一只老鼠咬住另一只老鼠的尾巴，这样最下面的那只老鼠就能喝到罐子底部的牛奶。它们达成了一个共识，即每个人都应该轮流喝牛奶。

　　第一只垂下来喝牛奶的老鼠想："牛奶这么少，只够我自己喝，我最好自己好好享受。"处在中间的老鼠也在想："下面的牛奶不多，如果第一只老鼠喝光了我就喝不到了。为什么我在中间这么用力，让第一只老鼠独自享受一切？我想我最好把它放下，跳下去好好享受。"第三只老鼠在上面想："牛奶太少了，如果它们喝完了怎么办？我最好把它们放下，跳到罐子底部自己喝。"

　　于是第二只老鼠松开了第一只老鼠的尾巴，第三只老鼠也松开了第二只老鼠的尾巴。它们争先恐后地跳进奶罐，浑身湿透。由于奶罐很深，它们再也无法从奶罐中逃脱，最后都死在了奶罐中。

　　在现实生活中，无论我们从事什么工作，身处什么环境，没有他人的支持，都无法独自完成所有事情。在创业的道路上，随着竞争的日益激烈，团队的实力对于创业者来说已经非常重要。

　　思考：为什么三只老鼠最后都死在奶罐中？

马上行动

　　根据你选择的创业项目，你希望组建什么样的创业团队？

_____

_____

_____

核心知识

一、创业团队的优劣势分析

　　创业者在创业之前会面临如何组建创业团队的问题。为什么要有一个创业团队？创业不仅需要团队，其他活动也需要团队，但创业者从零开始，因此特别需要团队来整合资源。高效的创业团队是创业成功的重要因素。投资者希望找到一个诚实、高效、经验丰富的创业团队进行投资。创业团队是由两个以上具有特定利益的人组成的工作团队，共同承担创建新企业的责任。它是一个由努力实现创业目标的人组成的特殊群体。团队成员通过认知共享、人才互补、风险共担和合作行动，促进初创企业的逐步发展。

（一）创业团队的优势

1. 资源优势

创业团队的每个成员都有不同的知识结构、成长背景、经验积累、经济和社会资源等，这些资源比单个创业者丰富得多，可以更有效地解决企业面临的诸多问题，增加创业成功的可能性。创业团队还可以解决个人创业时间和精力不足的问题，避免因过度依赖一个人而造成的机会流失。

2. 创新优势

美国经济学家熊彼特在其 1912 年出版的《经济发展理论》一书中提出，创新理论包括以下五种具体情况：①开发新产品或改进原有产品；②采用新的生产方法；③发现新的市场；④发现新的原材料或半成品；⑤创建一个新的产业组织。无论是哪种创新，团队都可以结合各种资源优势、技能和知识，从而增加成功的可能性。团队中的每个成员都有不同的思维方式、信息获取渠道和机会评估标准，这也使得创业团队比个人更有可能找到创新，为企业赢得更多的商机。

3. 决策优势

决策的优势在于团队成员之间的合理分工和各自的职责。
1）可以更有效地把握具体问题，加快决策速度。
2）可以发挥"三个臭皮匠顶一个诸葛亮"的智慧，提高决策的科学性。
3）通过任务共享，管理者可以腾出时间思考企业战略等问题，为企业重大决策提供时间保障。
4）避免高级管理人员变更对企业造成致命影响，确保创业团队决策的连续性。

4. 性能优势

创业团队形成的合力使其工作绩效大于所有独立工作的个体成员的绩效总和。通过团结协作、优势互补、集体效应，团队成员可以鼓舞士气、增强凝聚力。团队成员所产生的团队智慧和能量远远大于个人。以往的研究已经得出结论，工作绩效主要取决于成员的个人贡献，而团队绩效则取决于每个团队成员的不同角色和能力所产生的乘数效应。许多研究和实践证明，团队合作可以有效地提高企业绩效。

因此，组建团队一方面可以降低个人创业风险；另一方面可以通过优势互补和有效管理形成团队力量，在市场竞争中取胜。

（二）创业团队的劣势

当然，与个人创业相比，团队创业也有其不足之处，主要体现在以下方面：集体决策中，由于共同讨论、统一意见，可能会增加时间成本，延缓决策速度，有时不如个人决策快；人多了，就会有利益冲突；当创业团队成员不能很好地协调关系、达成有效共识时，可能导致团队分裂和解散，给创业带来意想不到的危机。

二、高效创业团队的特征

一个运作良好、效率高的创业团队具有一些显著的特征。以下特征是区分创业团队是否高效的重要因素。

1）明确的目标：创业团队是否充分理解要实现的目标，并相信这些目标的重要意义。

2）互补技能：创业团队是否具备实现目标所需的各种技术和能力，团队成员是否具备良好的个人素质，是否能够成功完成任务。

3）良好的沟通：团队成员之间的信息交流是否顺畅，默契是否良好，能否促进信息的快速准确反馈，做出正确的决策，提高服务效率。

4）相互信任：团队成员之间是否相互关心和信任。无论何时、何地以及需要什么样的支持，他们都可以高效地提供支持，共同努力，为实现目标而奋斗。

5）正确的领导：创业团队的领导者是否有能力激励团队成员，增强他们的信心，激发他们的潜力，是否能在正确的时间给予团队成员适当的支持和指导，而不是盲目主观地限制团队成员个性的表达。

6）一致承诺：团队成员是否对团队价值观有深刻的认同感，是否将团队目标视为自己的目标。

三、创业团队建设

（一）创业团队成员

1. 企业所有者

在大多数微型企业中，企业的所有者是管理者和团队领导者。所有者应履行以下职责。

1）建立自己的创业团队，制定想法、目标和行动计划。

2）组织和动员团队成员实施行动计划。

3）确保计划的实施，使企业实现预期目标。

2. 股东或合伙人

如果团队成员共同出资成立企业，即企业拥有多个所有者，那么这些所有者将作为合作伙伴或股东分享利益和风险。他们将决定如何分工和相互合作。合作伙伴之间的沟通必须透明和真诚。合作伙伴之间的分歧往往导致业务失败，因此，有必要制定一份书面合作协议，明确规定各自的责任和义务。

3. 雇员

如果团队成员都在企业工作，那么团队成员也是企业的员工。有的小企业可能只需要雇用1～2名临时工，有的企业需要雇用更多的全职员工。

（二）设计团队的组织结构

大多数大学生创业时，团队成员很少，组织结构非常简单。最常见的组织结构是线性职能组织结构，即将企业人员按照工作职责划分为多个部门，每个部门设置一个领导岗位，然后明确各部门之间的关系。这种组织结构使企业能够自上而下实施垂直领导，下属部门只接受一名上级领导，部门领导负责本部门的所有工作。

可以按照以下步骤设计组织结构。

1）了解企业的工作职能、部门划分和岗位设置。

2）明确各部门与岗位之间的关系（无论是下属还是平行关系），并考虑如何协调各部门与岗位之间的协调与合作。

3）明确各部门、各岗位的职责和内容。

4）考虑每个部门和岗位应设置哪些人员和多少人员。

良好的组织结构有助于企业在人员有限的情况下，使团队具有更高的执行力和战斗力。

（三）创业团队的组建方式

创业团队的组建方式有以下几种。

1. 亲友组合型

许多创业者最初的融资来自家族，这个传统途径其实也是最容易的融资方式，随之而来的是由各出资方组成的创业团队。这种团队组合的好处是在创业初期由于有之前的感情基础和彼此的了解，可以很快进入创业的实质进程；缺点是有了感情的掺杂，创业者在决策和管理时，也不能太理性，否则就会影响感情，而且，因亲情组建的团队，也很容易因亲情而解散。

2. 同学组合型

有些团队是为了参加创业比赛而组建的，随着时间的推移和创业项目的不断深化和推进，许多创业者最后决定付诸实践，这时的同学团队也就自然演变成了创业团队。这种团队组合的好处是每个团队成员都很熟悉企业的情况。但是如果团队成员没有相同的价值观，就很难走远。

3. 志趣相投型

有时志趣相投的朋友，其中一人创业成功了，其他人也就自然而然地加入进来，逐渐成了团队成员。这种团队组合的好处是在创业之初团队成员都不会很在乎金钱，维系大家在一起的是友谊和志向，但是往往在创业成功之后，有时会因为看法、做法、想法的分歧而分道扬镳。

4. 志同道合型

这种团队是在创业过程中不断磨合而组成的坚固的团队，团队成员有着共同的愿景，并且愿意为了同一个目标而奋斗，付出很多，计较较少。那些最后可以取得成功的团队大都是这样的团队。

通常志同道合型团队的创业者善于管理，在股份、用人和薪酬计划上设计得较为合理，执行力较强，制定的目标和战略都可以按期实现，逐渐形成一种相互信任的氛围，这需要创业者自身具有很好的人格魅力和很强的创业能力。

四、创业团队的管理技巧与策略

创业团队管理的重点是在保持团队稳定的前提下，充分发挥团队多样性的优势。

1. 让合适的人做合适的事

从人力资源管理中的人岗匹配原则来看，让合适的人做合适的事是科学的用人原则。因此，创业者可以调动团队成员的潜力，充分发挥人才的优势。对于团队来说，发展优势和避免劣势无疑是提高效率的最佳配置。

2. 明确目标

企业的管理活动是围绕企业的目标进行的，企业的目标只有通过人的集体活动才能实现。即使企业设定了明确的目标，也会由于企业成员对目标的理解、对技术的掌握和客观情况的不同，以及个人在知识、能力和信念上的差异而出现行动上的偏差。因此，创业者应该构建创业团队共同的发展蓝图，树立明确的团队奋斗目标，解决在发展过程中目标不明及价值差异的问题，帮助团队成员坚定对目标的信心以及为此而奋斗的决心。

3. 营造相互信任的团队氛围

情感互信是团队最坚实的基础。只有所有团队成员之间相互信任，团队成员才会有安全感，才能将企业视为自己的企业，并将其作为展示个人才华的舞台。

4. 良好的约束机制

建立良好的约束机制对于团队的后续发展非常重要。除了在团队中明确分工外，还应明确每个人的权利和义务，并制定要实现的目标和必要的奖惩规定。

案例分析

密 室 逃 生

密室逃生游戏源于国外，多是以电子解谜游戏开始的，后来传到国内，逐渐被人们接受并流行，尤其是以年轻人为主，再后来开始流行真人的密室游戏，就是真人在特意建造的房间内，依靠自身的能力在游戏中寻找线索，并解密逃出指定的房间。密室逃生游戏一般是有时间限制的，超过时间就被认为放弃游戏并从指定的出口出来。在进行密室逃生游戏的时候，需要三到四人通力协作获得线索才能破解密室，这如同一个小的创业团队一般，每个人在其中都要发挥自己的所长，来推动团队获得胜利。透过密室逃脱的案例再来看创业，如初期的产品定位与产品原型设计，这个工作并不能严格落实到某一个职位甚至某一个人来独立完成，它应该是一个集体智慧的产物。创业中的产品、研发、运营、推广有序地组成一个整体，每个人都要发挥自己的能力，找到其中自己有能力并应该解决的问题，并为最终的目标实现作出贡献。有人总结了最强大的密室逃生队友组合：一是擅长从庞杂的文字中快速找到有价值的信息的人；二是擅长将风马牛不相及的线索拼凑在一起的人；三是脑洞很大能领悟各种奇妙机关的人；四是一直在默默地做着辅助工作（拼图、打手电、维护秩序）的人。一个创业团队的角色分工很大程度上决定了他们最后能走多远，就犹如密室逃生，团队成员分工好就能很快走出密室。

　　思考：你玩密室逃生游戏会选择哪个角色？为什么？

○做一做○

根据你的创业项目，写一写你打算如何组建你的创业团队？

_____

_____

_____

┌拓展阅读

团队领导者应该具备的能力

　　1. 综合思维和观察能力

　　团队领导者应该了解团队成员并充分利用他们；善于观察团队成员的工作表现，充分信任团队成员的能力。团队领导者还应该有凝聚力，善于管理内部冲突，并有一致的目标。

　　2. 冲突管理能力

　　如何调动团队成员的士气、提高团队的效率也是一个重要的能力。团队运转过程中最重要的问题之一是关系磨合。磨合可以产生合作的动力，也可以产生矛盾和冲突。团队领导者必须认识到冲突是自然的，关键是如何解决冲突。冲突管理是对团队领导者的重要考验。团队经常遇到决策权的竞争，领导者必须以团队成员的贡献和能力来衡量，以协调理解上的差异，逐步实现团结，否则就会出现信任危机。

　　3. 领导团队的能力

　　团队领导者不仅要处理好团队自身和团队内部的关系，而且要考虑到创业成功转化为企业后的领导能力。团队领导者应正确定位团队成员并为他们分配角色。根据每个人的特点进行分工，建立共同的权益体系。

　　4. 分配利益的能力

　　团队领导者应具备分配利益的能力。不仅要赚钱，还要制定合理的利益分配方案和奖惩制度。为了让人信服，应该明确奖惩。在初创企业中，领导者应该从愿景管理转向利益和权力管理。换言之，如果要保持团队精神，就必须逐步规范企业，必须考虑利益和权力的因素。

第九章　初创企业管理，助力创业起航

第一节　锁定目标，开展市场营销

📖 生涯故事

　　小刘毕业后一直想当自己的老板。他看到邻居在社区开了一家杂货店，并且经营得很好。于是，小刘在社区租了一个仓库当店面，筹集了 10 万多元的创业资金，买了一些商品，也开了一家杂货店。但经过两个月的运营，小刘的杂货店无法维持下去，不得不关闭。为什么同样是杂货店，邻居可以做得很好，而小刘的生意不好？原来，为了突出杂货店的特色，小刘没有像邻居一样经营茶、米、油、盐等日常用品，而是将经营范围锁定在黄油、奶酪、芝士等西餐调味品上。然而，社区居民对他的商品需求不多。此外，他的店铺位于社区边缘，营业时间不固定，因此生意不景气。

　　思考：小刘的杂货店关门的原因是什么？

📖 马上行动

　　根据已选的创业项目，结合已具备的资源，你准备怎样占领市场呢？

_____

_____

_____

核心知识

一、构成市场的因素

　　构成市场的因素有三个：人口、购买力、购买动机。

　　（一）人口

　　人口是市场规模的基础。特别是食盐、大米、牙膏、洗衣粉等日用品，人口越集中，对这些商品的需求越大；在人口较少的地方，对这些商品的需求相对较小。因此，对于不同的地区，经销商的选择和促销资源的配置存在差异。

　　（二）购买力

　　购买力也是市场中的一个重要因素。就消费市场而言，购买力反映在居民的收入水平上。一个地区的人口越多，居民的收入水平越高，市场就越发达。消费者的收入水平越高，对产品质量、功能和风格的要求就越高，对价格越不敏感。

（三）购买动机

有了一定的人口基数和购买力，如果没有购买欲望，市场就无法形成，因为没有购买欲望，就不会有购买行为。要研究购买欲望，首先要研究人们的购买动机。消费者的购买动机主要包括情感动机、理性动机和偏好动机。

1. 情感动机

情感动机会导致冲动性购买。形成冲动性购买的因素很多，如受时尚、广告、店铺促销氛围的影响，受产品包装的吸引，受促销员热情周到的服务的影响，为了满足自尊等。消费者往往出于情感冲动而购买服装、化妆品、玩具、体育用品、唱片等产品。

2. 理性动机

理性动机是指消费者在购买产品之前，应该对产品的价格、质量和功能进行认真的分析和决策。消费者在购买高单价的耐用消费品时，通常出于理性动机购买，如家庭购买空调、电视、计算机、汽车、房屋等。

3. 偏好动机

偏好动机意味着消费者对制造商和品牌形成偏好，从而反复购买和交叉购买同一制造商和同一品牌的产品。例如，消费者更喜欢某种洗发水，当他用完后，他会一次又一次地购买同一品牌的洗发水。出于对该品牌的偏好，他还会购买该品牌的洗涤产品和个人护理产品，并将这种偏好传达给相关群体。因此，企业应高度重视培养和珍惜消费者的偏好动机。

二、市场定位理论

市场定位理论是指企业在一定的市场细分的基础上，确定自己的目标市场，最后把产品或服务定位在目标市场中的确定位置上。市场定位理论的根本要义在于选择和确定目标消费者或客户。

（一）市场细分

在现实市场中，消费者的需求既有差异又有共性。消费者需求的差异决定了没有一个企业能够生产出让所有消费者都满意的产品，同一类型的消费者在需求上有一定的共性，这使得市场细分成为可能。市场细分是指在分析消费者需求差异的基础上，对不同需求的消费者进行分离，对需求基本相似的消费者进行分类。市场细分后，一个大市场被分为几个子市场。

市场细分的重要性体现在以下方面。

一是有利于开拓市场。在市场竞争激烈的情况下，创业者通常很难找到市场机会，但通过市场细分，仍然可以找到那些未得到满足的需求。例如，在城市市场竞争激烈、市场需求基本饱和的情况下，海尔冰箱瞄准农村市场。通过调查发现，首先，农民希望购买更便宜的冰箱；其次，农村地区的电压波动较大，农民希望电冰箱能更好地适应农村地区的电力状况。海尔集团简化了冰箱的功能，通过降低功能降低价格，通过改造冰箱压缩机以适应电压波动，成功进入农村市场。

二是有利于将资源集中到目标市场，获得最大效益。对于大型企业来说，人力、财力和物力资源相对较强，通过市场细分，可以尽可能满足整个市场的各种不同需求，提高市场占有率，通过产品多元化增强企业的竞争力。对于大学生创业来说，由于他们的资源有限，如果想进入整个市场，显然不是大企业的对手。然而，通过市场细分，小企业可以选择符合自身条件的目标市场，集中有限的资源，在当地市场获得比较优势。

（二）目标市场选择

由于创业初期资源有限，企业通常不可能为所有客户提供服务，只能有选择地针对一些客户，满足不同子市场的需求，这是目标市场的选择。

目标市场选择通常采用以下策略。

1. 无差别营销策略

无差别营销策略的特点是：选择整个市场而不进行细分，强调购买者的共同需求，为整个市场生产单一的标准化产品，追求规模经济。该策略使用一种产品和一种营销组合来满足所有市场需求，减少了市场研究、新产品开发、广告、运输和储存的费用，具有成本低的优势。然而，由于缺乏针对性，这种策略很容易使企业失去很多市场机会。

2. 差异化营销策略

差异化营销策略的特点是：仍然面向整体市场，但强调各细分市场之间的差异，根据各细分市场的特点设计生产不同的产品，采用不同的营销方案。差异化营销策略的最大优势是可以扩大销售，提高竞争力，但相应的运营成本和销售费用也会增加。近年来，世界上越来越多的企业采用差异化营销策略，但通常只有实力雄厚的大公司才能做到这一点。例如，通用汽车提出了"汽车形式多样化"的经营政策，生产出不同品牌和特点的汽车，采用不同的营销组合满足各级消费者的需求，成为美国最大的汽车公司。

3. 集中营销策略

集中营销策略的特点是：企业将精力集中在一个或几个小市场上，并专注于为它们服务。这种营销策略特别适合资源有限的小企业。如果选择的细分市场正确，就可以获得更高的投资回报。这种策略的风险在于，如果目标市场的情况突然发生变化，企业可能会陷入困境。对于大学生创业而言，采取集中营销策略是一个不错的选择。可以选择一个优势领域，依靠当地的竞争优势，在一个小市场上获得大的份额。

（三）市场定位

市场定位是指在选定的目标市场中，与其他竞争对手相比，企业应在某些方面具有独特的竞争优势，最大限度地发挥自身优势，使自己的企业和产品在消费者心目中树立独特的形象和地位。

市场定位是相对于竞争对手而言的，因为一般来说，企业的产品在目标市场中并不处于排他性地位。明确的市场定位意味着与竞争对手相比，企业的产品和品牌在消费者心目中具有突出的地位，使消费者在面对同类产品时有明确的选择。

在进行市场定位时，首先要找出企业的竞争优势，即相对于竞争对手的差异化优势。差异化优势通常从以下几个方面进行识别：产品特性和个性、价格和服务。需要注意的是，差异化优势不可能在短时间内被竞争对手复制，需要足够多的消费者认识到这一差异并愿意花钱购买。企业进行市场定位后，必须通过一定的广告手段将企业的定位理念准确地传播到目标客户群中，以获得他们的认可。

三、寻找目标客户

（一）客户细分

客户细分是将市场划分为不同类型客户的过程。不同的客户可能需要不同的产品和服务，客户细分可以帮助企业了解潜在客户在哪里。

（二）目标客户选择

目标客户选择是指对每种细分客户类型进行分析，以确定哪种类型的客户对企业具有潜在价值和吸引力，并选择一个或多个群体作为未来的营销目标。

（三）收集目标客户信息

收集目标客户信息是为了进行客户市场调查，这对于任何商业计划都非常重要。收集目标客户信息通常采用"5W"法，以全面地了解企业的客户是谁、他们需要什么、他们何时购买、在哪里购买以及为什么购买。

为了帮助企业了解客户，可以思考以下问题：

1）客户在哪里？他们通常在何时何地购物？

2）客户购买的目的是什么？

3）客户想要什么产品或服务？每种产品或服务最重要的方面如规格、颜色、质量、价格等是什么？

4）客户愿意为每种产品或服务支付多少费用？

5）客户多久买一次东西，每年、每月还是每天？客户想在哪里购买？购买的数量是多少？购买的数量在增加吗？

6）为什么客户会购买特定的产品或服务？

（四）收集客户信息的方法

通常，企业会使用市场调查的方法来收集、处理和分析相关信息。市场调查的方法多种多样。一般来说，进行客户需求调查的方式有以下几种。

1）问卷调查。通过发布书面问卷收集客户信息并进行分析和研究。

2）行业信息。可以从业内人士那里了解有关行业市场规模的有用信息。可以和产品的主要销售商（批发商）交谈，还可以阅读行业指南报纸、商业报纸和杂志等。

3）抽样采访。拜访潜在客户，看看有多少人想购买企业的产品。

四、了解竞争对手

（一）了解竞争对手的重要性

仅仅了解潜在客户的情况是不够的，还需要了解竞争对手的情况。因为新创企业将与提供相同或类似产品或服务的企业竞争，这些企业将成为竞争对手。了解竞争对手，可以帮助创业者更清楚地知道如何使自己的创业想法成为现实。

（二）收集竞争对手信息

可以通过以下问题了解竞争对手：

1）它们提供的产品或服务的价格是多少？

2）它们提供的产品或服务的质量如何？它们如何销售产品或服务？它们还提供哪些额外服务？

3）它们的企业是否位于地价昂贵或便宜的地方？它们的设备先进吗？

4）它们的员工是否接受过培训？

5）它们做广告吗？

6）它们如何分销产品或服务？

7）它们的优势和劣势是什么？

五、制订营销计划

（一）营销计划的意义

企业营销计划是为实现以客户为中心的营销目标而制订的详细的营销策略和具体的行动计划。一个有用的营销计划包括以下几个部分。

1）分析并确定目标客户。

2）针对目标客户采取有效的营销策略。

3）确定每项任务的执行者、时间、所需资源等。

4）制定企业营销活动的目标、任务和分工，提供活动预算和时间表。同时，可以为企业的每种产品和市场制定专门的营销策略。

5）利用实际营销计划安排营销活动，明确职责，监督和控制实施过程。

（二）制订营销计划的方法

1. 客户需求

在制订营销计划时，应围绕满足"客户需求"这个核心考虑以下方面。

1）为客户提供他们需要的产品或服务。

2）设定客户愿意为企业的产品或服务支付的价格。

3）设计促销方式让客户理解并吸引他们购买企业的产品或服务，即从营销的四个方面——产品（product）、价格（price）、促销（promotion）、渠道（channel）来设计和组合营销策略。

2. 销售方式

（1）分销

分销有以下几种方式。

1）直销。直销是指制造商直接向客户销售产品，减少中间环节。

2）零售。零售是制造商向零售商销售产品的一种方式，零售商向客户销售产品。

3）批发。通过批发这种方式，制造商以追求销量为目标，将大量产品批发给批发商，批发商再将其转售给零售商，并通过零售环节将其销售给客户。

（2）促销

促销通常有以下几种方式。

1）商业推广。例如，可以通过引人注目的展示和竞赛活动吸引客户，或通过"买一送一"激发客户的购买欲望。

2）公共关系。企业更多地开展公益活动（如小规模赞助等），树立形象和声誉，提高客户对品牌的知名度和忠诚度，也可以举办一些社区活动，以取得成效。

3）人员推销。派遣企业人员进行面对面销售有时是最有效的促销方法，可以上门推销、组织一些销售会议或举办展销会等活动来促销产品。

促销是昂贵的，但有效的促销方法可以使企业的产品迅速占领市场。为了达到促销的目的，创业者应该充分考虑企业的具体情况，然后决定最有效的促销方法。

案例分析

小燕毕业于一所纺织大学。毕业后在一家从事纺织服装出口贸易的台资企业工作。一次偶然的机会，她发现离市区 20 公里的大学城里几乎全是服装店，但是没有保暖内衣店。她立即在互联网上搜索有关大学城的信息，得知大学城有 20 多所大学和一所中学。学生人数约为 12 万，未来几年将会有很大的增长。此外，学校拥有 3 万多名教师，大学城旁边还有很多企业，员工近 10 万人，因此，小燕认为这是一个巨大的市场。结合熟悉的纺织品和服装，小燕计划在大学城开一家保暖内衣店。

小燕选择了一个不太出名的保暖内衣品牌，经过多方面的调查后才开始加入。当然，小燕接触过内衣品牌，知道这个品牌的内衣质量很好，生产的保暖内衣主要用于出口。为了节约成本，小燕选择了大学城东区一所大学生活区的店面。东区距离市区较远，建设较晚，经营氛围不太浓厚，但店面租金便宜。

考虑到新生入学时间，小燕选择9月1日开业。在开业前几天，小燕就在邻近的几所大学散发了宣传单，宣传店内的优惠措施：开业后一个月内，购物满200元可获100元优惠券，满300元可获VIP卡，凭VIP卡购买保暖内衣可享受八折优惠。

开业那几天，很少有人来店里。小燕有点着急，但她很快就找到了原因。她认为一是优惠力度不够大，一般在开学季，大型商场的优惠幅度更大；二是这个城市的9月仍然很热，大多数人仍穿着夏装，没有穿保暖内衣，现在需求还没有释放。小燕耐心地等待着。同时加大了折扣力度，原本满200元才能获得的优惠券，下调到满100元就可以获得，其他优惠措施不变，但保暖内衣的销量仍然不多。国庆节后，天气逐渐变冷，但在穿保暖内衣的季节，店里依然没有多少人，大多数只是散步路过时看看，很少有人购买。

思考：为何小燕的生意一直不好？

○做一做○

根据你的创业项目，你打算如何选择市场？如何经营？

_____

_____

_____

拓展阅读

销 售 预 测

销售预测是制订商业计划最重要也是最困难的部分。收入来自销售，没有好的销售，就没有利润。大多数人经常高估他们的销售额。因此，在进行销售预测时，不应该过于乐观，而应该保守并留有余地。做销售预测绝非易事，创业者必须通过市场调查做出销售决定。下面是几种基本的销售预测方法。

1）抽样调查。选择一些具有代表性的潜在客户，通过问卷调查或访问了解他们的购买习惯和购买力，并计算企业的市场销售额。

2）订单预测。如果企业没有很多商业客户，就可以通过客户最近的订单来预测销售量。此方法主要适用于出口商、批发商或制造商。

3）现场测试。试着少量销售企业的产品或服务，看看能销售多少。该方法对制造商和专业零售商非常有效，但不适用于库存量大的企业。

4）与同类企业比较。将企业的资源、技术和营销计划与竞争对手的进行比较，并结合竞争对手的销售额预测企业的销售额，这是最常用的销售预测方法。

第二节　做好企业管理，规划成长路径

📖 生涯故事

六名主修食品的研究生筹集了 20 万元，并在一条街道上开了一家面馆。这家店还没有开张，六位股东就将目光投向了五年后。谈到未来的计划，六个人都说："当然是开分店！今年先做好第一家店，积累经验，再谈发展。两年内我们将在当地开 20 家连锁店，届时将与肯德基和麦当劳竞争。" 不幸的是，由于这家面馆长期以来管理混乱，经营不善，面临公开转让的局面。这家面馆最初被称为当地的第一家 "研究生面馆"，在仅仅经营了四个多月之后，就不得不仓促结束。六名研究生说，他们的学业很重，经常无暇管理面馆。此外，面馆没有任何特色，而且位于街道的繁华商业区，每月的支出是很大的，收入无法维持收支平衡，导致匆忙结束。

思考：为什么这家面馆以失败告终？

📖 马上行动

1．以小组为单位开设门店，根据不同经营内容，制订一份门店的选址方案。方案中应涉及以下内容。

1）对多个选址策略的比较分析。

2）最终决策理由。

3）选址结果。

2．成果评估。

1）各小组互相评判，并评选出两个优胜小组。

2）由教师给各组方案打分并进行点评。

核心知识

企业成功创建不是成功的标志，只是一个开始。如果缺乏有效的管理，就算是最完美的创意和最优秀的商业计划都将导致无法挽回的局面。创业初期，由于缺乏人才、渠道和资金，稍有不慎，新成立的企业就会陷入绝境。从另一个角度看，任何成功的企业都经历过困难和挫折，每个成功的企业家都有一个艰难的创业过程。因此，当大学生创业初期遇到磨合、经营管理等方面的困难时，不必惊慌失措，更不能轻易放弃，应该坚定目标，加强管理，转变观念，积极寻找解决办法。

一、人力资源管理

人力资源是企业最重要的资源。合理利用员工的才能，激发员工的积极性和创造性，是企业管理的重中之重。

（一）工作分析

组织结构设计不合理，部门职责不明确，初创企业岗位职责不明确等问题，都可能导致工作无法有序进行。因此，必须根据初创企业的需要进行科学有效的工作分析。

1）在大学生创业初期，企业的规模一般较小。企业内部可能没有明确的组织结构或明确的职责分工，有许多综合性岗位。对于初创企业而言，简明的工作说明可以节省工作分析成本，有效解决问题，从而节省管理成本。

2）创业企业的工作分析必须有利于促进创业团队的建设，制定符合企业发展目标的团队价值观和薪酬策略，促使员工不断超越个人角色和个人绩效。

3）根据企业的需要和管理过程的要求，制定组织结构，进行岗位设计，设置岗位和人员配置，以改进工作方法和效率，建立相应的工作规范和标准，明确考核方法。明确各部门、各岗位的职责十分必要。

（二）人才招聘

在企业初创期，创业者总是亲自处理大部分事情。然而，从企业发展的角度来看，创业者应该逐步从"管理"过渡到"管理人"，在人才引进方面应该具有前瞻性和战略性。

1）人才引进应主要考虑员工的专业知识和技能要求，这样才能最大限度地满足企业的要求。

2）提倡人性化管理，以人为本，适时对岗位进行必要的调整，做到人尽其才。

3）兼顾现有员工与人才引进的关系，充分利用现有员工，积极促进内部员工流动。

4）招聘渠道多样化，如网上招聘、中介招聘、学校招聘等。

（三）薪酬制度

初创企业的薪酬受到企业规模、发展目标、产品接受度等诸多因素的影响和制约。但无论如何，都必须明确企业的薪酬制度和激励制度，以确保员工的工作积极性。初创企业薪酬体系设计应考虑以下几点。

1）薪酬体系不应该太复杂，重点是简洁、实用和易于实施。

2）一般体现公平，突出重要岗位及人员。

3）对于重要岗位及人员的确定，可采用排名法确定每个岗位或人员的相对价值，以确保组织内的相对公平。

4）薪酬基准可以找到类似企业作为参考，以确保适当的外部竞争力。

5）固定薪酬与长期激励相结合，可以激发员工的组织向心力，稳定员工。

6）注意防止新老员工之间的薪酬冲突。

掌握核心资源或核心技术的员工决定了初创企业的成败，合理的薪酬体系是稳定核心员工的关键。

二、生产管理

对于制造业来说，生产管理是企业生存的根本。创业者要明白企业要生产什么、什么时候生产、如何生产、生产多少、生产质量如何、什么时候交付订单等。企业要制订好一系列的计划，从产品的原料到生产出产品，再到产品的质检，这些都需要在计划中详细地罗列出来，如果涉及不同工段且情况较为复杂，创业者最好指定相应的负责人，监督好每道工序的正常生产，防止发生纰漏、耽搁生产，以使企业能够保质、保量、按时地将产品交付给客户。

三、营销管理

企业想要成功，必须拥有大量的客户。新企业要想吸引客户，就必须有自己的特色。营销作为一种综合性的商业活动，不仅包括流通领域的商品交换活动，还包括产前和售后活动。从初创期管理的角度来看，价格策略、促销手段是营销管理的重点。

（一）价格策略

1）成本加成法。将制造产品或提供服务的所有成本相加，得到成本价。将一定比例的利润加到成本价中，得到销售价格。

2）竞争性定价法。采用竞争性定价法不仅要考虑成本，而且要了解相似的本地商品或服务的价格，以确保其定价具有竞争力。如果设定的价格高于竞争对手的价格，则必须确保其能够更好地满足客户的需求。

（二）促销手段

促销是指针对预期的目标市场和客户采取各种积极的活动，特别是向客户传递商品和服务信息，吸引客户关注商品和服务的特点和性能，产生兴趣，激发和刺激客户的需求，然后刺激他们的购买欲望和购买行为，从而促进和增加销售额。有很多具体的促销方法。一般来说，应遵循以下几点。

1）应针对不同的客户群体和不同的需求制定不同的对策。

2）促销需要一个合理的计划和对销售额可能增长的全面估计。

3）优质的产品和周到的服务永远是最好的推广。

四、财务管理

财务管理通过对各种资金的筹集、使用、收益和分配进行预测、决策、分析、控制和评估，提高资金使用效率，促使企业以尽可能少的资源，取得尽可能大的生产经营效益。对于初创企业来说，如何在筹资后实施有效的财务管理是企业成败的关键。

（一）现金流量管理

现金流量是企业在一定时期内的现金流入和流出量。现金流之于企业，犹如血液之于人体。良性的现金流可以使企业健康成长。没有足够的现金，企业就不能运转。

对于初创企业来说，没有良性的现金流，有可能危及企业的生存。以下方法可以改善现金流。

1）避免不付款导致的现金流问题的最佳方法是不要让那些延迟付款的企业成为自己的客户。因此，当一个对象想要成为一个重要客户时，应尽可能多地了解和验证其信用状况。

2）通过提供快速付款折扣减少付款等待时间，并鼓励客户更快付款。例如，10天内付款的客户可享受1%或2%的折扣。

3）尽量减少库存。有时候，减少库存其实很简单。例如，一些酒店减少了葡萄酒储藏室，以提供一些地方生产的优质葡萄酒，而不是试图满足所有客户的所有要求。

4）与供应商协商延长付款期限。最好的解决办法是从客户那里收到钱，然后支付给供应商。

5）考虑在必要和可能的情况下向银行借款。

（二）成本控制

对于一个新企业来说，成本控制绝非易事。

所有企业都有两种成本：固定成本和变动成本。有些成本是固定的，如租金、保险费和营业执照费，这些成本称为固定成本。有些成本会随着生产或销售的波动而变化，如材料成本，这是变动成本。对于制造商或服务提供商而言，变动成本是制造产品或提供服务的成本，如面包师购买面粉、酵母和牛奶等原料来制作面包，零售商购买商品转售，一家食品店购买大米和饼干等存货等发生的成本都属于变动成本。

创业企业不需要一个成熟、完整的管理体系，一个简单、适用的模式更容易接受和实施。然而，这并不意味着可以放松管理。相反，对于一些特别重要的管理业务，必须有明确的想法。

五、企业成长路径

企业成长一般遵循三条路径：产品创新、商业模式创新和资源整合。好产品是创造客户价值的基础，商业模式是企业创造价值的桥梁，资源整合是客户和企业创新价值的保证。

（一）产品创新

一是新产品开发，即从产品设计、研发、技术等方面对新产品进行创新。产品以功能取胜。在产品设计中，可以从新功能开发、现有功能集成甚至外观设计等方面设计出质量好、外观美观的产品。可以通过科学研究和开发来提高产品的科技含量，让用户体验更多更新的技术，直到最新的技术融入产品中。同时，还要优化生产工艺，提高产品的性能和质量，提高产品的性价比。

二是改进现有产品，即从产品功能、性能、外观等方面对现有产品进行改进，如手机等硬件方面的质量提升和容量提升，小程序等软件版本的更新。

三是扩大产品线，即在纵向和横向上形成品种、规格的系列产品。从横向来看，企业生产各种各样的产品，从纵向来看，每个产品有不同的型号。

四是提高产品的渗透率。可以从横向销售和纵向品牌两个方面提高产品的渗透率。横向是指通过广告、网络、口碑等渠道提高产品的区域渗透力，纵向是指从品牌维护和推广的角度提高品牌的知名度和美誉度。以上两个方面共同作用，扩大了产品的影响力。反过来，这无疑将为客户创造更大的价值。

（二）商业模式创新

商业模式有多个模块，这里只关注两个方面：一是连接客户和企业的渠道，二是客户关系。从渠道的角度来看，就是在客户和企业两者之间建立尽可能多的渠道，特别是设计更多的盈利方式，在创造客户价值的同时为企业创造价值。因此，企业可以扩大或拓宽现有渠道，使两者之间的利益交流更加顺畅。在客户关系方面，通过全面深入的客户关系管理，在现有渠道的基础上，建立紧密的二者关系，增强客户黏性，提高客户转移成本和客户忠诚度。因此，通过扩大现有渠道和加强客户关系管理，可以拉近客户与初创企业的关系，为企业创造更大的价值，最终促进企业的成长。

（三）资源整合

企业和客户不是独立存在的，而是相互联系的，形成了纵横交错的产品线、社会网络和信息网络。企业拥有的资源是有限的，其利益相关者或合作伙伴的资源也是有限的。企业与其利益相关者、合作伙伴之间的资源整合将极大地扩大资源的乘数效应。因此，企业可以充分结合各种服务主体，整合其网络资源，为客户创造新的价值。企业也能通过资源整合提高整合能力，提升企业价值，实现高质量增长。

案例分析

小斌、小杜大学毕业后到上海创业，同时担任上海一家建材企业的代理。货物的供应不是问题，也不需要占用自己的资金，但制造商规定代理自负盈亏，运营期间的费用，如水电费、人员工资和房屋租金，由小斌、小杜自行承担。

因为两人不熟悉生活的地方，他们的朋友推荐了建材市场内的一个摊位和工厂旁边的一家商店。建材市场的摊位比较贵。小王选择了工厂旁边租金较低的商店，因为他担心做生意困难；小杜则大胆地在建材市场租了昂贵的摊位。

一年后，小杜的销售额和利润远远超过小王。为什么建材市场租金很贵，但能获得更高的利润？因为小杜所在的建材市场知名度高，客户多；小王所在的商店虽然便宜，但离市中心很远，客户也很少。因此，地理位置对商业非常重要，利润是通过客户的购买力实现的。

思考：两人的创业经历对你有什么启示？

○做一做○

假如你的企业正在慢慢发展，你该如何将企业升级？

┌───

拓展阅读

企业的选址

在创业初期,运用科学的方法确定新企业的地理位置,将其与企业的整体运营体系有机结合,有效、经济地实现创业目的是非常重要的。成本、市场和政府是影响选址的主要因素。企业的经营成本影响企业的成本收益和投资意向;市场需求决定市场供给;政府的服务效率、透明度以及产业政策的引导和约束将直接影响产业的区域发展环境,进而影响企业的选址。因此,企业的选址决策需要考虑不同的影响因素和各因素的权重。

一、创业选址应靠近目标客户群

不同的行业需要不同的场地。在选址时,首先要考虑所选地址是否与行业相匹配。例如,如果想开设一家办公类型的服务支持公司,选址应在办公楼聚集区;如果想开一家大型制造生产工厂,选址应在相对开阔的郊区。如果想开一家茶馆,选址应该在繁华的市区;如果想开一家情感类咖啡馆,选址应在幽静的街道。简而言之,企业的氛围必须与周围环境保持一致,并接近目标客户群。

二、首次创业时,应考虑租金的承受能力

如果项目不需要或负担不起自建房,就有必要考虑租房。创业之初,各个部分都需要资金,也不排除计划之外的费用产生。通常,租房时,租金的支付方式是押一付三,即需要一次性支付四个月的租金。此时,创业者要考虑启动资金是否充足,同时对场地的销售成本进行初步预算,判断利润是否能满足租金和管理费用的支出。如果营业额和利润可观,即使租金昂贵也可以租;相反,即使租金低也不要租。

三、在选择企业地址时,应调查周围的邻居

在制定竞争战略时,企业应该与其环境相联系。如果周边地区有同行经营,竞争形势将非常严峻,价格和利润将降低;如果周围有不同性质的企业,这也取决于其客户群中是否有自己的目标客户。例如,一家经营酒店,另一家经营停车场,这就是一个很好的商业联盟。

四、创业现场应符合国家相关行业规定

国家对各行各业都有一定的规定。例如,餐饮业场地应符合生态环境部门的要求;有噪声和污染的企业应远离居民区,并符合生态环境部门的相关标准。经营特殊行业的,还应当取得有关部门的资质鉴定。例如,社会力量办学需要教育部门的批准,校址也有相应的硬件规定。总之,无论从事哪一类行业,在从事之前都必须先确认是否符合国家规定,否则会造成不必要的损失。

五、选择企业地址还需要明确市政规划

一些创业者在选址时对一切都感到满意,但忘了关注市政规划,新企业刚刚建立了客户群,就由于市政规划需要企业搬迁。所以创业者应该考虑所选地址未来几年的规划。

六、交通和停车条件应考虑是否能方便客户

如果创业项目是一项传统业务,如开一家商店或经营一家饭店,有时一个好的

───┘

位置反而会阻碍客户的出现，因为他们不能停车。交通是否方便应考虑是否有利于远道而来或步行的客户的光顾。门前有绿化带，不方便客户在店内购买。如果创业项目是开办一家公司，需要在大楼里工作，就应该考虑是否有足够的停车位以及公共交通是否方便。创业者的任何决定都是为了客户的利益。客户至上始终是企业决策的基础。

参 考 文 献

戴裕崴，韩剑颖，2015．高职生职业生涯规划与就业创业指导[M]．3版．北京：高等教育出版社．

哈林顿，霍尔，2013．职业生涯规划与管理[M]．张星，张璐，译．北京：机械工业出版社．

林嵩，2015．创业学原理与实践[M]．2版．北京：清华大学出版社．

宋晨升，2018．职业生涯规划与就业指导[M]．北京：科学出版社．

苏科尼卡，劳夫曼，本达特，2014．职业规划攻略[M]．边珩，靳慧霞，宋佶霖，等译．北京：化学工业出版社．

孙官耀，杨菁，2020．大学生职业规划与就业指导[M]．北京：科学出版社．

谭一平，2011．职校生就业指导[M]．北京：清华大学出版社．

万金城，赵阳子，2019．立德树人　筑梦成才：大学生职业生涯规划[M]．北京：知识产权出版社．

吴静，2020．职业通道人生规划与事业进阶指南[M]．北京：人民邮电出版社．

像玉的石头，2017．秘书工作手记：办公室老江湖的职场心法[M]．北京：清华大学出版社．